大学生のための教科書

中山芳一・西岡壱誠・八島京平　監修

大学生のための教科書編集委員会　編著

東京書籍

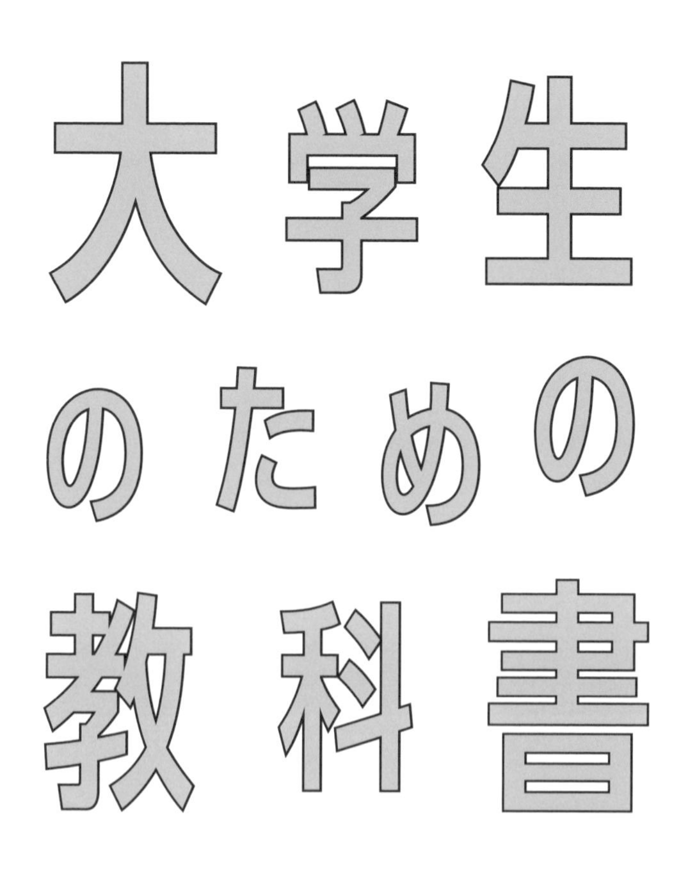

中山芳一・西岡壱誠・八島京平　監修

大学生のための教科書編集委員会　編著

東京書籍

はじめに

私が所属する岡山大学では、全1年生必修のキャリア教育として「キャリア形成基礎講座」という授業が開催されています。初年次のうちに自分・大学・社会を知り、人生について考え、将来のためにも大学生活を充実させることを目的とした授業です。

そして、この授業ではこれまでも私たち教員の手で作成してきた独自の教科書を使用してきました。しかし、授業が毎年続いていく中、この教科書では何かが足りない……そんな思いを抱くようになってきたのです。

大学生のみなさんでしたらご存知の通り、高校生までの「学習」は、大学生になると「学修」に変わります。これは決して言葉あそびなどではなく、文字通り「習う」からさらに主体的に「修める」へと学びそのものが変わるわけです。もちろん、この学修は大学の授業の中だけで完結するものではありません。子ども（児童）ではない18歳以上の学生たちは、学生時代全体を通じて学修し、社会へと向かっていくのです。私たちの授業でも、そんなメッセージを発信し続けてきました。

ところが、私たち教員側からの一方的なメッセージだけでは不十分なのです。ここに、学生から学生へのメッセージもほしい。しかも、そこには単なる体験談の羅列ではなく、もっと体系化されたメッセージがほしい。そんな私の思いを学生たちに相談したところ、学生たちから次々と素晴らしいアイディアが生まれてきました。そして、岡山大学だけにとどめるのではなく、全国の学生たちと共に、これまで存在することのなかった『大学生のための教科書』を創り出したい……そんな流れが生まれたのです。

幸いなことに、ベストセラーとして知られる『「読む力」と「地頭力」がいっきに身につく 東大読書』（東洋経済新報社）を執筆された現役東大生の西岡壱誠さん、東京工業大学OBで学生ベンチャーを成功させた八島京平さんたちのお力もお借りすることができました。さらに、学生同士のネットワークによって、お二人の大学に加えて京都大学や神戸大学、千葉大学や金沢大学の学生たちまで加わってくれました。実際に編集制作へ突入すると、コロナ禍のためになかなか思うように進めることは困難でした。それでもオンラインなども駆使する中で、遂に学生と教員による『大学生のための教科書』を世に出すことが叶ったのです。ちなみに、教科書といえば誰もがご存知の東京書籍さんから刊行できたことも幸運なご縁でした。

本書は「主体性2.0」という新しい言葉を発案し、真に主体的な学生、さらには真に主体的な社会人になっていくために、いろいろな方々の経験と知恵を結集した1冊になっています。大学生のみなさんはもちろんのこと、これから大学生になる高校生のみなさんや社会人の方々もぜひ手に取ってみてください。きっと、みなさんの主体性をますます豊かにしてくれることでしょう。

2021年2月　中山　芳一

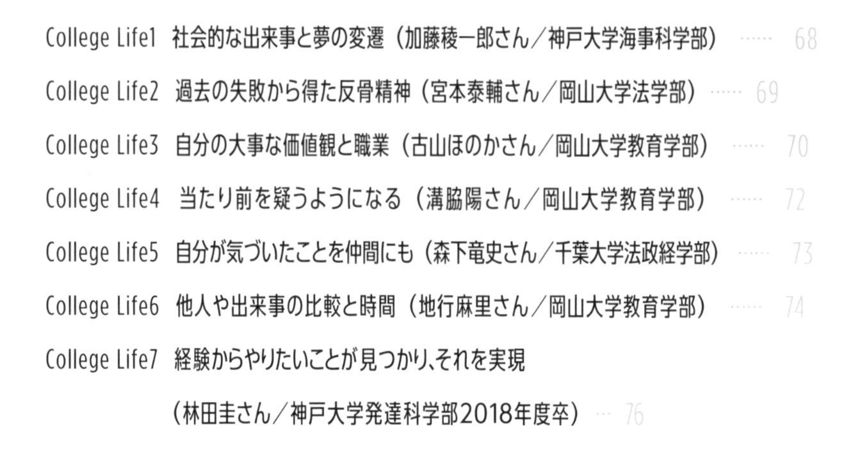

【凡例】

本書の **Part.5** の以下の節については、それぞれ ①『大学生のためのキャリアデザイン―大学生をどう生きるか』(ヒューマンパフォーマンス研究会編、三浦孝仁・坂入信也・宮道力・中山芳一著、2013年、かもがわ出版)と ②『岡山大学入門講座&キャリア形成基礎講座2020』(岡山大学入門講座&キャリア形成基礎講座2020テキスト編集委員会、2020年、岡山大学出版会)より部分的に抜粋・引用し、再構成した。

Part.5 **1** あなた自身のキャリアをデザインする (P100～/執筆担当:中山芳一)
前掲書①106～115ページと前掲書②58～65ページから
加筆・修正を加えて部分的に抜粋・引用。

3 今、あなたが所属しているところは? (P121～/執筆担当:中山芳一)
前掲書①26～35ページと前掲書②80～89ページから
加筆・修正を加えて部分的に抜粋・引用。

4 仕事・社会と向き合う (P134～/執筆担当:坂入信也)
前掲書①77～83ページと前掲書②90～97ページから
加筆・修正を加えて部分的に抜粋・引用。

Part.1

「主体性2.0」の時代がやってきた！

この章では、この本を通して
大学生のみなさんが、どんな能力を身につければ
社会に出てからも幸せに生きられるようになるのか
一緒に考えていきましょう。
キーワードは、「主体性2.0」です。

執筆：中山芳一

1「主体性」ってなんだ?

① 10年連続第2位の「企業が選考に重視する力」

みなさんはこれから大学生になるわけですが、ここで１つ質問をさせてください。

みなさんは、大学入学から卒業するまでに、どんな能力を身につけておきたいですか?

あるいは、卒業までにどんな自分になっていたいですか? 多分すぐには答えられないと思うので、考えていただいている間に、あるデータを紹介しましょう。

みなさんは、(一社) 日本経済団体連合会 (略して経団連) が行っているアンケート調査をご存知ですか? その中でも毎年注目を集めている調査結果の１つとして、「各企業が選考にあたって特に重視した点」が挙げられます。つまり、みなさんが大学卒業後に、仮に民間企業に就職しようとしたとき、その企業はみなさんのどんなところに重きを置いて採用を決定するか、その傾向を示した調査結果です。

ちなみに、次のグラフは2018年の調査結果ですが、なんと「コミュニケーション能力」は16年連続で第１位、そして「主体性」は10年連続で第２位となっています。第３位の「チャレンジ精神」も３年連続ではありますが、コミュニケーション能力と主体性に関しては最早「殿堂入り」といってもよいレベルですね。

グラフ1：各企業が選考にあたって特に重視した点（5つ選択）

出典：（一社）日本経済団体連合会（2018年）

こちらはあくまでも民間企業を対象とした調査結果ではありますが、これが業種を超えて医療界や法曹界、教育界になったとしても、同様のことが求められているでしょう。なぜなら、どんな職業であっても、どれだけIT化が進んでも、人は一人だけで仕事をすることはできないからです。顧客から同僚に至るまで、多くの他者とつながることで仕事は成立するわけですから、他者との意思疎通のためにもコミュニケーション能力は欠かすことができないでしょう。そして、第2位に位置づけられる主体性も……。

……ん？？？ 主体性？？？ 主体性ってなんでしたっけ？ 多分聞いたことはあると思うのですが、いざ考えてみると、みなさんは、主体性って言葉の意味、わかりますか？ よく「主体的に……」などと言われる「主体的（性）」とはどういうことなのでしょう。あらためて考えてみると、なんとなくわかるような、わからないような……ではないでしょうか？

② 主体的になりなさい……ってあり得ない！

『広辞苑』（第六版）によると、まず「主体的」とは「ある活動や思考などをなす時、その主体となって働きかけるさま。他のものによって導かれるのでなく、自己の純粋な立場において行うさま。」であり、「主体性」とは「主体的であること。また、そういう態度や性格であること。」と説明されています。ということは、周囲に影響されるのではなく、自己の純粋な立場で行えるようになることが主体性であり、多くの民間企業はこうした新卒者を求めているようです。この能力を身につけることで、社会が求める人材になれる、というのは疑いがないでしょう。

しかし、確かに辞書にはこのように説明されていても、「疑問符」は残ってしまいます。「自己の純粋な立場」ってどのような立場なのでしょう？ 他のものに導かれたり、周囲から影響を受けたりということがあると、本当に主体的とはいえないのでしょうか？ このように「主体性」を深掘りしていくと、私たちはずいぶんと大雑把に「主体性」をとらえていると思いませんか。

たとえば、よく「もっと主体的になりなさい」などと言われますが、「主体的になりなさい」と言われて主体的になった時点で主体的になっていませんよね。「A子のこと嫌いなんだよね。人の陰口言う人って嫌じゃない？ ほんとあり得ない」という陰口で盛り上がっているようなものですね。ちなみに、こういう状態のことを二重拘束（ダブルバインド）と呼びます。

主体的になるためには、周囲から指示されるのではなく、あくまでも自分自身の意思で決定することが求められるわけです。一方で、私たちは勝手に一人だけで生まれて、育ってきたわけではありません。私たちがオギャーと生まれて、死にゆくまでに変化し続ける過程のことを「（生涯）発達」と呼びますが、私たちそれぞれの発達は、自分以外のすべての人やもの・こと（つまりは広義の環境）から影響を受けるからこそ変化し続けられます。

つまり、他のものに導かれたり、周囲から影響を受けたりすることは、私たちが発達する上で必要不可欠であり、その中で自分という「主体」は形成されていくのです。周囲との関係を切り離して、自分自身の意思を貫くことが主体性かと思いきや、周囲からも影響を受けながら自分自身を形成していくのも主体性となります。

一言で「主体性」と言っても、そこにはいろいろな意味が込められていそうですね。特に、近年のAI時代や人生100年時代などの科学と医療の飛躍的な進歩、そして2020年～21年現在におけるコロナ禍など……世の中の状況は常に超加速度的に変化しています。当然のことながら、世の中が変化すれば、私たち個人も変化することが求められますし、「主体性」という言葉もまた変化に対応して意味づけられていくことになるでしょう。

③ これからは新しい主体性の時代

ちょうど近年では、内閣府から提唱された「Society5.0」によって、「①狩猟　②農耕　③工業　④情報」を経た５番目の社会「超スマート社会」に私たちは生きていることが示されました。それでは、５番目の社会に生きる私たちに求められる主体性とは、一体なんなのでしょうか？

この本では、「Society5.0」にちなんで、その主体性を「主体性2.0」とでも名づけておきましょう。これからの時代に求められる主体性2.0をあらためてみなさんと確認して、みなさんにはより主体的な大学生として生きていただき、社会へ羽ばたいていただきたいものです。次節へ読み進めてみてください。

2 これから私たちに求められる「主体性2.0」

では具体的に、「主体性2.0」とはなんなのかを見てみましょう！

① 行くぞ！　主体性2.0!!

あなたが「主体」である、とはどういう状態なのでしょうか？私が思いつく例をいくつか紹介しましょう。

- 世界に一つだけのあなたという個体。
- 今、ここに存在しているあなたという存在。
- 様々なことを主観的にとらえているあなたの認識。
- 実際に自分自身や周囲に対して働きかけているあなたの行動。
- あなた以外の人たちとの中で影響を与え、与えられている
  あなたと他者との関係。

これらは、いずれも「主体」として位置づけることができます。

その中でも、特にこれまでも「主体性（的）」として強調されてきたのは、やはり自分自身の意思を持って、自ら考え行動するという主体ではないでしょうか？ さらに、そこには責任も相まって、より自立した主体的な大人になるというイメージですね。「自主的」

や「能動的」とも重なる意味合いです。逆に「指示待ち」や「受け身」などと言われるときには、この主体性とは正反対の意味を言われていると考えられます。下の図をご覧ください。

図1：「私」という意識が対象世界での「私」を動かす状態

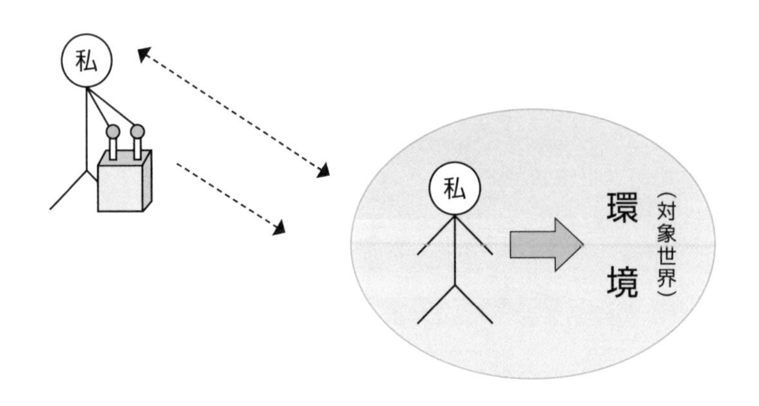

この図は、「私」という意識が、対象世界での「私」という実体を動かしている状態をイメージしたものです。どちらの「私」も主体であることに間違いありませんが、動かしているのは意識の方の私であることがわかります。しかし、実際に環境へ働きかけられるのは動いている実体の方の私になります。ちょうど鉄人28号を動かしている正太郎（古くてごめんなさい）のような関係ですね。将棋に置き換えるなら、将棋盤の駒が実体になり、駒を指す指し手の方が意識になります。

ちなみに、先ほどの「指示待ち（から指示を受けて動く）」や「受け身」になっている場合は、動かしている方の私（正太郎や指し手）がとても弱まっていて、他の誰かが私にとって代わって動かそうとしている状態になるでしょう。つまり、主体性を持つ（または主体的になる）ということは、動かしている方の私が明確にあって、実体の私を動かせているという状態を意味しています。

しかし、ここで考えてみてください。いくら動かしている方の私が明確にあって、実体の私が動いていたとしても、誰かを傷つけるような反社会的行動をやってしまった際に「主体的にできたね！」とは決して褒められませんよね？ なんでもかんでも主体的だったらよいというわけではなく、どのような主体であればよいのかについても問われなければなりません。そのため、動かしている方の私は、つまりみなさん自身は、どのような行動が望ましくて、どのように周囲へ働きかけていけばよいのかを意識しながら動かしていかなければならないのです。この点を、みなさん覚えておいてください。自分自身がどういう人間なのか。これを意識することこそが重要なのです。

それでは、「私」がこのように意識できるためには、一体何が必要なのでしょうか？ このキーになるのが、主体性2.0なのです。漠然と言われてきた「主体性」について、主体性2.0らしく踏み込んでいきましょう！

② 主体性2.0になるために必要なことは？

私が主体的になるためには、まず私がどのような私（主体）でありたいのかを明確にしていきながら、意識としての私が実体の私を動かして、環境へ働きかけていくという構造になりました。どのような私（主体）でありたいのか……みなさんはいかがですか？　どんな人間になりたいですか？

……くれぐれも言っておきますが、将来の職業などの限定された狭いものではありません。「会社員になりたい！」「YouTuberになりたい！」といったように職業で将来を語っても、あなた自身のことは見えてきません。それよりももっと、高次元な話です。自分はどのような存在で、他者との中でどのような役割が求められているのかといった「自己認識」や自分は何を大切に生きていて、どのようなことに価値を見出したいのかといった「価値観」によって明らかにされる「私」です。実は、この自己認識や価値観は広義の環境（自分以外のすべての人やもの・こと）から影響を受けながら形成されていくものです。

だから、自分一人だけで生きてきたなどということは決してあり得ません。私たちはこれまでの成育歴の中で、家族や友人、先輩や後輩、先生たち、本や漫画、音楽や映画、世間や身近な出来事など、実に様々な人やもの・ことから影響を受けてきました。その中で、私はどのような私でありたいのかという主体を形成してきたはずです。自分の意思だけを自己中心的に押し通すのではなく、周囲を尊重した上で主体的でなければならないことは、ここからも十分に理解できるでしょう。

そして、私がどのような私でありたいのか、自己認識と価値観によって形成される主体があるからこそ、画一的な正解のない問題にぶつかったとき、私たちは自分なりの「基準」に基づいて決断することができるのです。

その感覚をみなさんと共有するために、次の問題に答えてみてください！

問題

あなたは、大学を卒業するときには、学生時代から一緒にビジネスモデルを組み立ててきた親友とITベンチャー企業を立ち上げる約束をしてきました。実際に、準備も着々と整ってきていますし、何よりも親友は大乗り気です。

しかし、そんなあなたのもとに１本の連絡が入ります。あなたのITスキルを知った某大手企業の人事部長があなたを特別待遇かつ一本釣りで社員として迎え入れたいと言ってくれたのです。そこで、あなたは……

❶ このまま親友との約束通り不安定だけどやりがいのあるITベンチャー企業を選ぶ？

❷ 自分のスキルを正当に評価してくれた特別待遇のある安定した大手企業を選ぶ？

あなたならどちらを選択しますか？　もちろん、３つ目の選択肢もあるかもしれませんが……。

いかがでしょうか？　みなさんはどんな回答をするのでしょうか？　小学校の道徳の授業なら、「約束は守りましょう」と①を選択するかもしれませんが、これが現実に起きて、自分たちの人生を大きく左右するのであれば、そんな短絡的に選択することなどできるわけはありません。さらに、３つ目の選択肢も含めて、いずれか一つが正解とはならないのです。

この答えは、誰にもわかりません。「あのとき、この選択にしてよかった（または、この選択をするんじゃなかった）！」という答え合わせは、いつすればよいのかといえば、５年後、10年後、はたまた自分が一生を終えるとき……。答えを教えてくれる人はどこにもいなくて、自分で見出していかなければならないのです。

１つはっきり言えるのは、大切なのはいずれを選択したとしても、あのときの選択が正しいか間違いかはわからないけど、振り返ったときに自分の中で納得できているということではないでしょうか。

納得いかなかったら、きっと後悔します。後悔のある選択は、間違いだったと考えてしまうと思うのです。

だから、他の誰でもなく、「自分が納得感のある回答＝納得解」を出すこと自体がこの問題の回答であり、そのためには、主観が必要なのです。自分が選んだ道なのだと、後から振り返ったときに誰のせいにもできないような状態が、理想の状態なのです。

これもまた、自らの主観が作り出す認識という主体の１つでしたね。この納得できる選択には、自らの自己認識や価値観によって作り出された基準が必要なのです。

③ あなた自身の基準を見つけよう

こうした基準があるからこそ、決まった正解のない問題を決断することができるとともに、先々の自分の中での納得にもつなげられることでしょう。

そしてこの「正解のない問題の決断」というのは、本当に最近増えてきた、これからの時代にますます求められるものだと思います。

たとえば、最近の話でいえば、コロナ禍を巻き起こした新型コロナウイルスは、未知のウイルスであるために、いろいろなことがこれまで通りにはいきませんでした。研究の世界でも国際機関や各国の行政機関でも主張や方針がばらつき、世界中が不安に襲われることになりました。2021年２月現在も全くこの問題は収束を見せておらず、これから先も収束するかどうかは未知数です。このようになったときこそ、画一的な正解のない問題に私たちがどれだけ向き合えるかが問われます。この度のコロナ禍では、このことを私たちは嫌というほど痛感させられました。そして、これから先の時代を生き抜くためには、このような正解のない問題とさらに向き合い続けていかなければならないことでしょう。

これからの時代に求められる主体性2.0のためには、「私はどんな私（主体）でありたいのか」を問い、この問いから先ほどの「基準」を導き出すこと…そこから始めていきましょう！ 次節ではそのための方法を提案していきます。

3 私というキャリア(轍)を識る

① あなた自身の轍はどんな轍?

さて、ではどのようにすれば自分の主体の基準がわかるのでしょうか?

「私はどんな私(主体)でありたいのか」を明らかにするためにお勧めの方法は、これまでの私を振り返ってみることです。すごく当たり前のことかもしれませんが、やはり私たちはこれまでの成育歴を振り返ることで、自分は自分以外の人やもの・ことからどのような影響を受けてきたのかがわかるのです。

小学生のときに親や先生からほめられたこと、中学生のときに最後までやり遂げた部活動、高校生のときの甘酸っぱい失恋体験、あのとき読んだ本や漫画の主人公の生き様、あの時観た映画のワンシーン……などなど。これまでなんとなく曖昧にしてきたことについて、今だからこそあらためて振り返ってみませんか?

そして、その時々に自分は何を教訓として学んだのか、何を価値観として身につけたのかを明確にしておけば、どんな私でありたいのかも鮮明になり、基準を導き出しやすくなるでしょう。

より具体的な方法については、Part.2以降に委ねることにしますが、みなさんがこのようにこれまでの成育歴(自分史)を明らかにすることは、まさにみなさんのキャリアを紐解くことになります。「キャリア(career)」といえば、ついつい学歴や職歴をイメージしてしまう人もいるかもしれませんが、もともとの語源は「轍（わだち）」からきています。馬車や自動車が通ることでできる車輪の跡です。

つまり、自らのキャリアとは、自分が通ってきた跡にできる轍を意味するわけです。

そのため、学歴や職歴などのようにわかりやすいものばかりではなく、先ほどのような成育歴（自分史）の中で起きた様々な出会いや出来事、そこから得たこともまたキャリア（轍）になります。このキャリアを自分の中で明らかにして識（し）ることができれば、これからのキャリアを築いていく上で大いに役に立つことでしょう。

② キャリアの持つ2つの意味を使いこなそう

ちなみに、先ほどの学歴や職歴としてのキャリア（Work Career）と人生や生き方としてのキャリア（Life Career）との関係は下図のように整理できます。

図2:「キャリア」には2つの意味がある

広義のキャリア
(Life Career)
人生・生き方

狭義のキャリア
(Work Career)
職業・職歴

そのため、本来でしたら「あなたの将来の夢はなんですか？」と聞かれたとき、「どんな職業に就きたいか」より「どんな生き方をしたいか」を前提にしていることが望ましいでしょう。そして、自分という生き方を実現するための一部に職業（仕事）があると考えながら、職業選択などもしていきたいものです。まさに、「私はどんな私でありたいのか」ひいては「私はどんな生き方をしたいのか」に通じていきますね。就活生が「自己理解」を求められ、就活で自分自身をどれくらい理解できているのかが評価されるのは、こういう背景が裏側にあるわけです。

4 偶然を自分のものにする

① 人生の8割は偶然！

さて、こんなふうに「主体性万歳！」的なテンションの話をここまでお話ししてきましたが、みなさんの中にはこう考えている人もいるのではないでしょうか？「主体性があっても、自分の人生が思うようにいくかはわからないじゃないか⁉」

まさにおっしゃる通りです。私たちは、仮に100％の主体性を発揮したとしても、自分が思い描く通りばかりにはならないことを知っています。それはなぜかというと、結局のところ、私個人だけがこの世界に存在するのではなく、あくまでも多くの人たちの中にいる一人でしかないのですから、自分の意のままにならないのは当然のことです。そればかりか、自分が予期せぬことが身の回りで起きてしまうことが多々あるわけです。私たちは、この予期せぬことを「偶然」と呼んでいますよね。

私たちが主体的になろうとすることと予期せぬ偶然に遭遇してしまうこと、この半ば相反するような関係はどうしていけばよいのでしょうか？　その参考として、ある理論をご紹介します。アメリカのキャリア理論の第一人者でもあるジョン・D・クランボルツの「計画的偶発性理論」です。彼はこの理論で、そもそも人生なんて計画的（思い通り）に進むわけがなく、人生の８割が偶然であると提起したのです。

② 偶然が次々と計画されたかのように起こる人

彼は、さらに研究を続けます。実は、この偶然が偶然のまま終わる人と偶然が次々と計画されたかのように起こる人がいるということも付け加え、後者が社会的な成功をおさめていることまで明らかにしたのです。そして、彼は後者の人たちの共通点を探り出した結果、以下の５つの行動特性（非認知能力）を持ち合わせていたことが明らかになりました。

① 興味・関心を持って意欲的に取り組むための**「好奇心」**
② 自分が取り組んでいることに楽しさを見出せる**「楽観性」**
③ リスクを取ってでも挑むことのできる**「冒険心」**
④ 凝り固まることなくしなやかに物事をとらえられる**「柔軟性」**
⑤ 辛くて大変なことがあってもすぐにやめずに一定期間続けられる**「持続性」**

図3: 計画された偶発性が起こりやすい行動特性

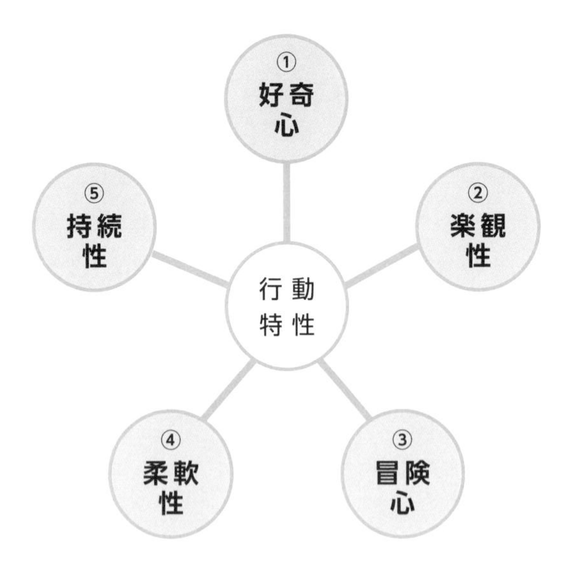

By John D. Krumboltz

つまり、予期せぬ偶然を無視して自分の思い通りにばかり物事を進めることが主体性なのではなく、様々な偶然が起こることは当たり前であり、その偶然に対して先ほどの5つの力を発揮しながら、偶然をいかにも計画されたかのように紡いでいける主体性こそ、私たちが提唱するこれからの時代のための主体性2.0でありたいのです。

5 自分をコントロールする

① 主体性2.0に求められる3つの条件

これからの時代に求められる主体性、すなわち「主体性2.0」について提案してきました。次の図をご覧ください。

図4: 主体性2.0に求められる3つの条件

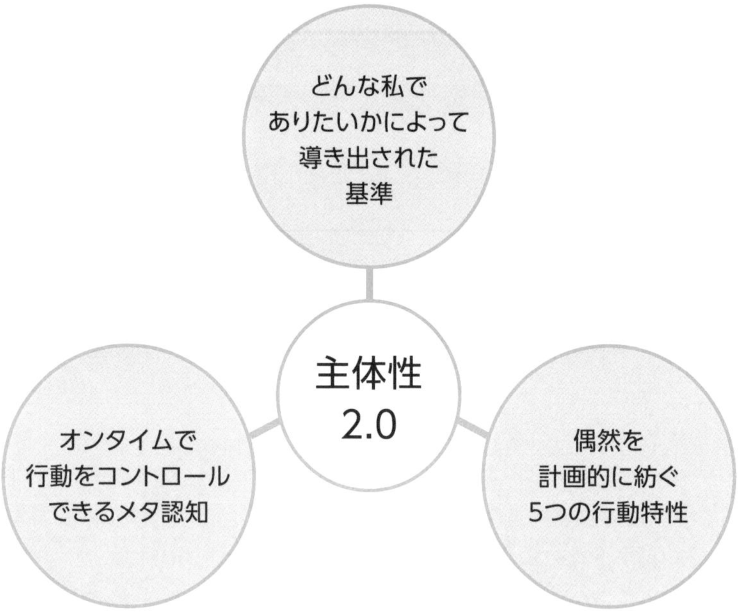

第一に、超加速度的に変化する時代の中で、決まった正解のない問題と向き合うためには「基準」が必要で、その基準を持つには「私はどんな私（主体）でありたいのか」を明らかにすることが必要で

した。そのために、これまでの私のキャリアを紐解くことについても触れましたが、詳細はPart.2以降を読み進めてください。

第二に、自分の思い通りに物事を進めるのではなく、人生の８割を占める偶然を計画されたかのように紡げる主体性が求められていて、そのためには「好奇心・楽観性・冒険心・柔軟性・持続性」といった５つの行動特性（非認知能力）が必要でした。

さらに、第三に「主体性2.0」に求められるもう一つをここで提案しておきます。それは、オンタイムで自分自身の行動をコントロールできることです。18ページのコントローラーを持った私の図を思い出してみてください。実体としての私を動かす際に、選択を迫られたときには私の基準をもって決断し、偶然と関わっていく中で５つの行動特性を発揮する……。しかし、オンタイムでの細部にわたる行動は？　また決断した後の行動は？　考えているばかりで実際に行動が伴っていなければ、私たちは環境へ働きかけることはできません。

さらに、行動には修正がつきものです。自らの行動を修正するためには、自分と周囲とを俯瞰できなければ適切な修正は困難です。

② 私が考えることを考える……それがメタ認知

そこで、「主体性2.0」としてより主体的になるためには、メタ認知が必要であることを提案しておきましょう。「メタ（超）認知」とは自分を超えたもう一人の自分から、いまの自分や周囲の状況を俯瞰（客観視）することです。メタ認知ができれば、オンタイムで自分の行動をモニタリングできるため、行動のコントロールも可能にします。友達と話しているときに、友達が退屈そうにしていたら、それを察して話題を変える……こんなときはまさにメタ認知ができているときですね。メタ認知ができれば、オンタイムで自分の行動をコントロールできるため、適切なタイミングで、適切な行動を自分自身の意思で行いやすくなります。同時に、その行動に不具合が生じたときには修正もできるわけです。

③ メタ認知しよう！ そのためには？

それでは、一体どうすればこのメタ認知ができるようになるのでしょう？

お勧めなのは、やはりここでも振り返りです。しかし、先ほどのようにこれまでの成育歴といった壮大なものではなく、日々の体験の振り返りを繰り返すことです。たとえば日記をイメージしてみてください。「今日、こんなことがあった、あんなことがあった……」「あのとき、もっとこうしておけばよかったな…」などと振り返り、反省（内省）することは、常にその日の出来事から新しい気づきを見出し、明日へとつなげている証になります。そして、この何かをした後の振り返りを繰り返すことで、何かをしているときにオンタイムの振り返り（＝メタ認知）ができるようになるのです。これまでに振り返りを習慣化してきたような人は、おそらくすでにこの実感を持っているのではないでしょうか？

ちなみに、多くのスポーツ選手たちも振り返りを行うことで、競技中のメタ認知を促しているそうです。日記やSNS、日常のおしゃべりなど方法はいろいろとありそうですが、みなさんのやりやすい方法でよいので、ぜひ日々の振り返りを習慣にしてください。そして、主体性2.0に必要なメタ認知をぜひ促してくださいね。

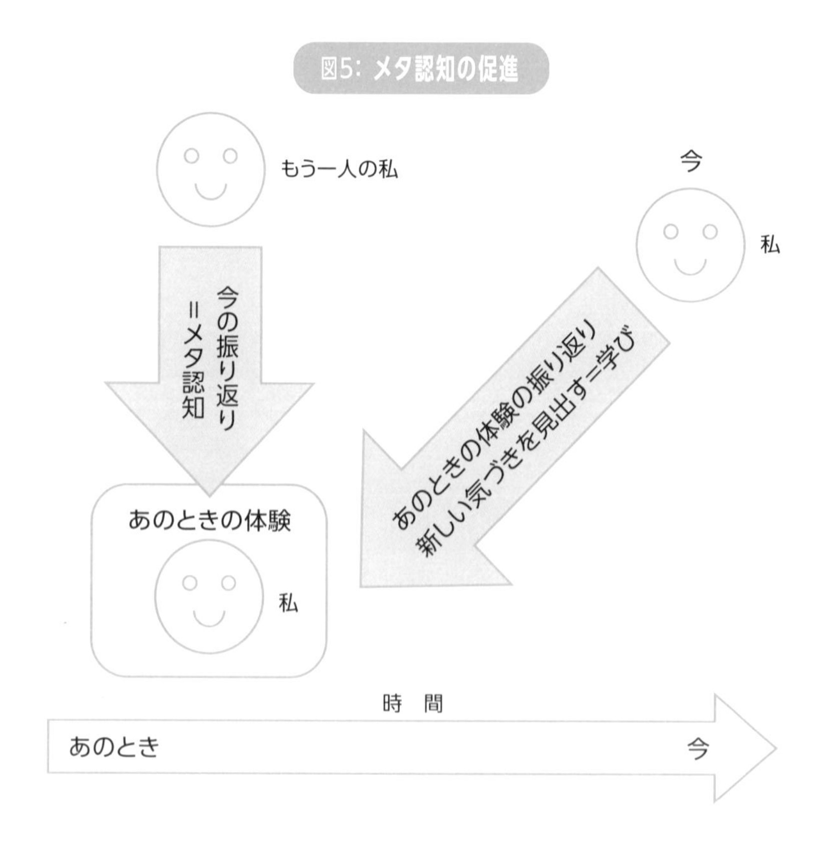

この本の根幹としてみなさんにお話ししたいことは、「この能力を身につけるためには、大学時代が鍵だ」ということです。

みなさんは大学生になったばかりだと思いますが、この時期こそ、今提案した「振り返り」をして「自分が何者なのか」を考えるのにふさわしい時期なのです。高校時代までを振り返り、そして大学時代に何をしたいのかを考える。そして卒業する前に、自分の大学時代を振り返って、将来の決断をする。人生におけるこうした「振り返り」と「決断」の連続を、主体性が作っていくことはお話しした通りですが、だからこそこの時期の自分をメタ的に考えて行動を構築していく必要があると思います。

そしてそうすれば、みなさんは大学生活も有意義なものにできると思いますし、将来の選択もまた、悔いのないものになるのではないかと私は思います。

さて、そうはいっても、本当に有意義な大学生活を送れるかどうか不安な人も多いと思います。そんな人のためにこそ、この本があるのです！ 次の章では、いろんな大学のいろんな大学生たちが、高校までをどう振り返り、どんな大学時代を送っているのかについて書いてもらいました。

ぜひこの事例を参考にしながら、自分の大学生活を考えていきましょう！

Part.2

大学生活を全力で楽しむ“準大人”になる方法

その方法とは、“自分のやりたいこと・やることを
自分で決めること”。自分で選択して、自分で考える。
他人から「これをやりなさい」と言われて何かをするのではなく、
自分で選んだ道をいく。これが一番楽しくて有意義で、
自分の「主体性2.0」を加速させていけるものなのです。

執筆：八島京平

① 大学生活を全力で楽しむべき、2つの理由

そうはいっても、そんなことなかなかできないよ、自分で考えるって、何？ と思われる方も多いかと思います。ですので、Part.2では、いきなりやりたいことをやれ！ とは言いません。自分で道を選ぶための流れを小さいステップに分けて少しずつ実践していきましょう。前章でお話しした、「轍（わだち）」を識（し）るという行為です。

その実践の前に、大学生活を満足させるためには、なぜ自分で選ぶことが重要なのかお話しします。

まず1つは、中学生や高校生と違い、大学生はほぼ大人、つまり"準大人"です。とはいえ、仕送りをもらっているかもしれませんし、定職に就いていない人がほとんどであることは確かでしょう。しかし、一般的には大学生は大人とほぼ同じ扱いです。大学生になってからの生活を想像してみてください。どこのお店に入っても料金は大人と同じではありませんか？ 高校生までと比べて自分でできることが増えたなと思いませんか？ そうです、大学生は大人と認められているからこそ、料金は大人と同じで、大人としてできることはおおかたできるようになっているのです。これは社会に出る前の準備期間として、"準大人"として活動できる貴重な時間ともいえます。どうでしょう？ そう考えると、より大学生活を充実させることに意欲が湧いてくるのではないでしょうか？

２つ目は、自分で決めたから他人のせいにできない、という点です。他人にやらされているようなことって何かと言い訳をしてうまくいかないことが多くないですか？ たとえば、塾の先生にこの参

考書をやっておけば点数が取れると言われたのでちゃんと勉強した。それにもかかわらず本番では点数が取れなかった。先生のせいだ！ など。でも、この話ってあまり充実していないですよね？ 心理学的にも、人間は何かを失敗したときに心理的ストレスを軽減するためにあらかじめ言い訳をしておくという防護機能のようなものがあるそうです。ただこれは、あくまで最悪の場合に備えてのものであって、多用するものではありません。

他人に責任を押し付けず、自分で決めることにはもう１つメリットがあります。現代は人類史上最も情報があふれている社会といっていいでしょう。大学の授業の受け方１つにしてもGoogleで検索すれば山のように情報が出てきます。もちろん、これらを参考にすることは素晴らしいことですが、自分のやりたい形になっていますか？ 自分の満足を他人になんとかしてもらおうと思っていませんか？ よくある話ではありますが、ネット上で話題になっていたから買ってみた・食べてみた・行ってみたけどイマイチだったという経験や、進路の決め方の参考にある、WEBサイトに書いてあることを試してみたけど何か違う、など。これらはある意味当然の帰結とも言えます。なぜなら、書いている人とあなたは価値観も環境も違うのですから。ものの決め方も考え方もあなた自身に最適のものがあっていいはずです。

前述の通り、自分で決めてやっていることは言い訳ができません。選んだのは自分なのだから、と思えばすべて自分の責任の範疇です。私個人のイメージとしては、締め切りがある課題・宿題の方が結果的によくはかどることと同じかなと思います。もちろん、自分が決めたことをやり切るということは簡単なことではありませんが、他人のせいにしてなんにもならないより、自分でやろう！ と決めた方が充実することは想像に難くないでしょう。さてここで、少し後ろ向きな話をしますが、自分でやろうと決めてやったことが失敗したらどうしますか？ 本書をお手に取られているあなたは、自分で決めたことなのに失敗して悔しい！ となるのではないでしょうか。

つまり、自分で決めたもの・ことほど失敗したときに何が何でもそこから何かを学びとろう、よかったといえるようにしようと思いたいですよね？ これは非常に大きな力になります。失敗は成功の母とはよくいったものですが、実際に多くのことを自分で決めてやってみると、失敗の方が学びは多かったりするものです。ですから、失敗することを恐れずに自分の道を進めるようになれば、成功や失敗にかかわらず充実した大学生活を送れるのではないでしょうか。

このように、大学生はみなさんの思った以上に環境が大きく変わる時期でもあります。環境が大きく変わる時期というのは不安定になることもありがちですが、「これがやりたい！」「こうなりたい！」ということを実現させるためにも最適な時期と感じています。

この後の「過去」「現在」「未来」という３つの視点を通して、みなさんの価値観を分析し充実した大学生活を築いていきましょう。

②「自分」を形成する「過去」を振り返ろう

さっそくみなさんと一緒に自分のやりたいことを探していきましょ

う。ここではみなさんの「今まで」すなわち「過去」にスポットライトを当てます。

なぜ過去を振り返る必要があるのか？ と疑問をお持ちの方もいらっしゃるかと思いますので、まずはここを詳しく説明します！

まず、過去と未来の一番大きな違いはなんだと思いますか？ これは、「変えることができるかどうか？」だと私は思います。「過去」の最も大事なポイントは「未来と違って変えることができない」という点ではないでしょうか。つまり、「もし〇〇だったら、こうなったらいいのに」が通用しません。これが仮に「〇〇だったらいいのに」ができてしまうと、みなさんの将来を考える上でブレが出てしまいます。これをなるべく防ぐべく、過去を振り返ろうということです。

もう１つのポイントとして、「価値観」を挙げたいと思います。これはどういうことかと言いますと、過去の判断・思い出はみなさんの価値観を多分に反映しているということです。たとえ話をしましょう。今までみなさんが食べた果物は何が多いですか？ 日本人だとリンゴやバナナ・ミカンあたりが多そうですね。

さて、みなさんの今までの果物遍歴を思い出していただいたところで、みなさんの好きな果物ランキングと見比べてみてください。なんとなく、同じか似たような順番になりませんか？ これは簡単な例ですが、他にも遊びに行く場所や好き・嫌いな科目なども同様です。つまり、自分は意識／無意識的に自分の好きな果物を選んで食べている、ということです。また、フルーツの王様ドリアンのように、好き／嫌いの度合いが大きいものは、食べた回数が少なくても記憶に残りやすいものです。

ですから、たとえ本当に食べた回数が少なくても、価値観に大きく影響を与えたものだ、ということができるのです。このように、みなさんが今までに選択してきたライフイベントを見つめ直すことで、価値観を洗い出します。

ここまでお読みいただいて「振り返ったら、過去が美化されたり今の価値観が入るんじゃないの？」と疑問をお持ちの方がいらっしゃると思います。結論から言うと、全く問題ありません！ この後のお話を少ししますと、ここで明らかになった価値観をもとに、どんなことをするか？ 何を選ぶか？ ということを検討します。昔のことであればあるほど、美化の度合いというのは大きくなっていきます。しかし、時間がたっているものほど影響も小さいものです。むしろそれだけ時間がたっているにもかかわらず思い出として残っているということは、あなたにとってそれだけ大きな影響を与えた思い出ということです。また、進路などの選択にあたって「現在」について考えることになります。今のみなさんの選択はあくまで今の価値観にのっとってされるものですので、今の価値観が含まれているということは全く問題ないのです。

さて、疑問が晴れたところで、次に進んでいきます。ここまで、過去を振り返ることで価値観を見直し、選択に活かしていこうという説明をしました。これをより効果的に行うためにワークシートを使いたいと思います。

私の価値観分析ワークシート

❶ 現在までの人生を振り返って印象深い出来事を書き出す

～大学入学前

大学入学後～

❷ 振り返った出来事をカテゴライズし、各出来事に対する現在の満足度をつける

※満足度は－100％～100％で評価する

～大学入学前　　　大学入学後～

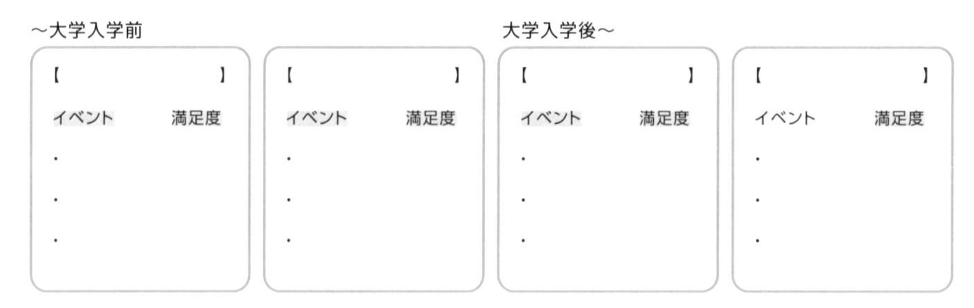

❸ プロットチャートをつくる

※時間軸を各自設定して②の出来事を選んでプロット。出来事の名前も書き込む。線で結んでも結ばなくてもOK。

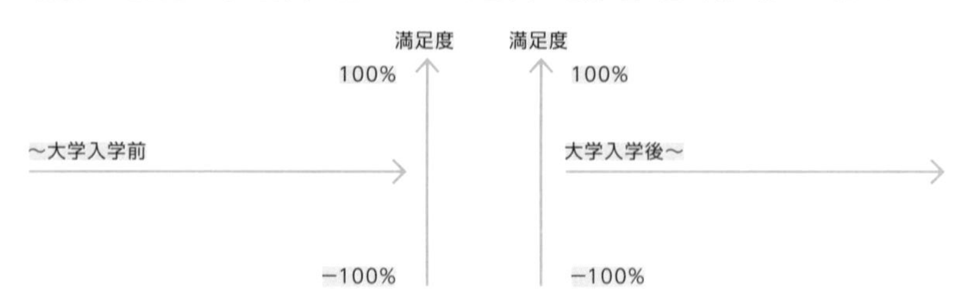

❹ プロットした出来事一つにつき200字～300字で説明する　※複数可

それでは、具体的にこのシートの書き方を見ていきましょう。

はじめに、大学入学までのライフイベントについて思い出していきましょう。

普段から自分の過去について考える人も少ないので思い出すには時間がかかると思います。それで問題ありません！ 思い出したイベントが端から端まで真実である必要もないですし、100個も思い出す必要もありません。しばらく考えてみてちょっと思い浮かばないな、詰まっちゃったなという方のために、いくつかポイントを示したいと思います。

- 時間を限定する・・・中学生の時、高校生の時、受験の時
- 場所を限定する・・・自宅、学校、祖父母の家
- 気持ちを限定する・・・うれしかったこと、悔しかったこと

Part.3で出てくる先輩たちにもライフイベントについてお聞きしていますが、中学生や高校生の時に経験したことが非常に多いです。この出来事が私の人生を変えた！　ということでもいいかもしれませんね。多くの方が経験するものとしてたとえば、高校受験の時に目指していた高校・コースに入ることができた、できなかったということでもOKです。

③出来事を整理して、自分を知る

続いて、ここまでに書き出していただいたそれぞれのイベント・出来事をカテゴライズしていきましょう。

みなさんの思い出を整理するにあたって、先輩方の思い出カテゴリーをご紹介したいと思います。最も多く書いていただいたのは「学校生活について」です。高校までは学校にいる時間も非常に長いので、印象に残りやすいということでしょう。学校生活の中では部活や大会、学園祭・文化祭、その他にも勉強や生徒会などを想起される方が多いようです。学校生活以外だと、ゲーム・生活習慣・受験・習い事・家族関係などが挙げられていました。

さて、このカテゴライズはなんのためにやるのか？　というところをお話ししたいと思います。先ほどもお伝えした通り、Part.2ではじめに今までの経験から自分の価値観を洗い出すことを目的としています。ですので、この後に続く今や未来のためになるようなものを用意したいと思いませんか？

カテゴライズすることによって、みなさんが意識／無意識的に重要だと感じている抽象度の高いものを抽出することが可能です。たとえば、「周りの人が喜ぶことが好き」であるとか、「意思疎通できないことが苦痛」といったように、あなたを突き動かす原動力がボヤッと見えてくるはずです。ボヤッとでよいのか？ という疑問があるかと思いますが、それは問題ありません。むしろはっきりと見えてしまうと選択の幅も狭まってしまいますので、今のところは曖昧なままにしておきましょう。

ここまでの説明でカテゴライズは感情や意識を中心に整理していただくのがよさそうということがわかっていただけたかと思います。もちろん他のやり方でも構いません。ワークシートをコピーして何回でも挑戦してみてください！

カテゴライズが終わったら、それぞれのイベントに満足度を書き込んでみてください。ワークシートでは○○％と書いていますが、なんとなくで構いません。「すごくいやだったから－100％！」とか、ちょっとしたうれしさだったから30％、そういった感覚で結構です。先輩方の満足度をいくつかご紹介しましょう。マイナスで多いのは受験・人間関係が中心で、－80～90％と評価している方が多いです。対してプラスのイベントは部活・学祭での成果・達成感がかなりの数を占めていました。数字は人によってそれぞれですし、平均が0にならないといけないなどの制約もありませんので、自分がこうだと思ったふうに書いてみてください。

最後に、各イベントを時系列順にしてみましょう。ワークシートの最下段にグラフがありますので、こちらにイベントの時期と満足度を書き出してみてください。その後、それぞれの点をつなぐように線で結んでください。直線でも曲線でも構いません。

いかがでしょうか？ 自分の思ったような形になりましたか？ では自分のワークシートを書き終わったところで、このシートを実際に書いてみた先輩方の事例を覗いてみましょう。事例紹介の後に、それぞれの事例について解説を行います。

Case1. 田之倉芽衣さん

（東京大学文科三類２年生）

解説 ▶P54−55

❶ 現在までの人生を振り返って印象深い出来事を書き出す

～大学入学前

- 年長（6歳）の時の誕生日
- 中学受験に際しての父の話
- 中学受験合格発表日にノロウイルス感染症にかかったこと
- 中学卒業式
- 生徒会副会長選挙（高1）
- 体育がとび箱とマットだった時期（高2）
- 文化祭（高3）
- 人学受験日
- 大学受験合格発表日

大学入学後～

- 推薦生の集い
- クラスの顔合わせの日
- 自動車学校での車初運転（大1）
- サークルで開催しているキャンプ（大1）
- 津和野フィールドワーク

❷ 振り返った出来事をカテゴライズし、各出来事に対する現在の満足度をつける

※満足度は−100%～100%で評価する

～大学入学前

［受験に関すること］

イベント	満足度
•中学受験父の話	90%
•中学受験 合格発表日にノロ	40%
•大学受験日	95%
•大学受験合格発表日	90%

［学校行事］

イベント	満足度
•中学卒業式	70%
•生徒会副会長選挙	95%
•体育跳び箱マット	−80%
•文化祭（高3）	90%

［家族］

イベント	満足度
•年長誕生日	100%

大学入学後～

［人との出会い］

イベント	満足度
•推薦生の集い	70%
•クラス顔合わせの日	80%
•サークルキャンプ	60%
•津和野フィールドワーク	80%

［初めての体験］

イベント	満足度
•車初運転	30%

❸ プロットチャートをつくる

※時間軸を各自設定して②の出来事を選んでプロット。出来事の名前も書き込む。線で結んでも結ばなくてもOK。

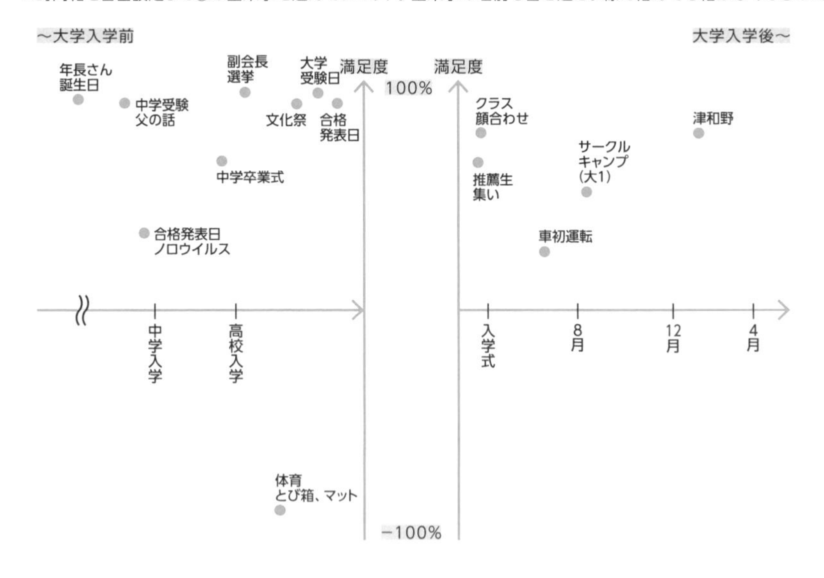

❹ プロットした出来事一つにつき200字～300字で説明する ※複数可

●年長(6歳)の誕生日

幼稚園児だった当時に一番好きだった絵本が、『たんじょうびのふしぎなてがみ』(エリック・カール 偕成社、1978)という絵本でした。 内容は、主人公のもとに謎の手紙が届いて、それに従っていったら最終的に誕生日プレゼントに行き着くというものです。それを知っていた両親が、私が年長さんだった年の誕生日に、その絵本と同じように「不思議な手紙」を使って誕生日プレゼントを贈ってくれました。差出人がそこまで好きではなかった「かいけつゾロリ」(ポプラ社の人気絵本シリーズの主人公)だったということも含めて、よく覚えている出来事です。

●体育が跳び箱とマットだった時期

中高一貫校に入学してからずっと学校に通うのが好きだったのですが、唯一不登校になろうか悩んだ時期です。体育ができないのはいつものことでしたが、跳び箱とマットは特に苦手な競技で最底辺をひた走りしていましたし、恐怖心も抱いていました。出来事とは言えないかもしれないですが、嫌なこととして印象に残っているので取り上げました。

●文化祭(高3)

学校の周年記念もあり例年以上の大きなイベントを組み込み、文化祭実行委員長として臨んだ文化祭でした。組織運営もイベント準備もなかなかうまく進まずに辛い時期もありましたが、無事開催することができました。一番辛かったけど一番楽しかった出来事として印象深いです。

●大学受験合格発表日

職員室にて、準備などでお世話になっていた方も含めて周りにも先生達がいるなか発表を待ち、担任のパソコンから合格発表を見ました。合格したとわかったとき、実感が湧くよりも前に周りの先生方が泣いて喜んでくださいました。もちろん合格して嬉しいという気持ちもありましたが、周りの人が喜んでくれていることの方が嬉しかったように思います。一方で、一般受験の準備をしつつも推薦で一足早く合格した身となったので、それまで一緒に勉強してきた友達はまだ受験勉強中でした。そんな状況で、喜んでいいのだろうかという複雑な気持ちもあり、印象深い思い出です。

Case2. 三吉真奈さん
（岡山大学自然科学研究科修士２年生）

解説 ▶P55–57

❶ 現在までの人生を振り返って印象深い出来事を書き出す

～大学入学前
- 創造性の育成塾
- コンクール
- 部活
- ヨーロッパ研修

大学入学後～
- 就活
- テーマがえ
- アルバト
- インターン
- 実験
- 1人ぐらし
- 部活
- 授業
- 総務委員会

❷ 振り返った出来事をカテゴライズし、各出来事に対する現在の満足度をつける
※満足度は−100%～100%で評価する

～大学入学前　　大学入学後～

［勉強］

イベント	満足度
・研究室配属	50%
・テーマ変更	30%
・大学の授業	30%

［サークル、部活］

イベント	満足度
・中学部活	60%
・高校部活	40%
・大学部活	−50%
・夏の演奏会	60%

［レアイベント　学外］

イベント	満足度
・創造性の育成塾	60%
・ヨーロッパ研修	80%
・総務委員会	70%

［　］

イベント	満足度

❸ プロットチャートをつくる

※時間軸を各自設定して②の出来事を選んでプロット。出来事の名前も書き込む。線で結んでも結ばなくてもOK。

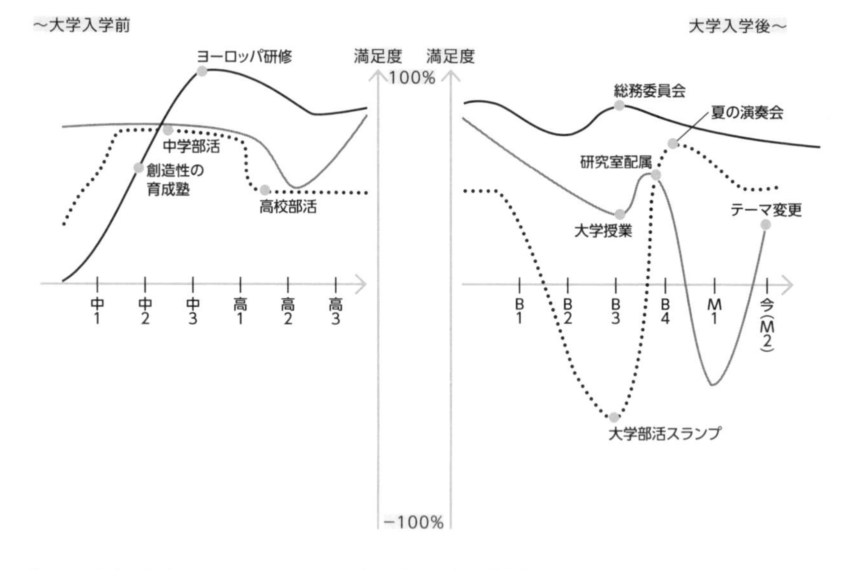

❹ プロットした出来事一つにつき200字〜300字で説明する ※複数可

●ヨーロッパ研修

中学3年生の夏に一週間ほど、「仁科芳雄博士」のゆかりの地を巡る研修に参加した。博士は私のふるさとで生まれ育ち、物理学者となった人だ。研修で巡った場所は東京・デンマーク・イギリスの三か国であった。理化学研究所やキャベンディッシュ研究所に実際に入って話を聞かせてもらったことや、異文化に直接触れることができたことは大きな経験となった。ネイティブスピーカーとの英会話体験も、今の英語学習に対する姿勢を変えるきっかけとなった。

●総務委員会

大学3年生のときに、大学公認部活動全体をまとめる組織の委員長を務めた。委員長の年はトラブルも多いし変更点が多かった。一番印象に残っている仕事は、新歓イベントの実施であった。イベント内容を委員会の皆で決めていくところからのスタートで、時には方向性が定まらなかったり、話し合いを重ねるうちにぶれたりすることもあった。話し合いの進行に苦労はしたが、実施日には雨にもかかわらず200人近くの新入生が来場してくれた。企画の立案から実施までのプロセスを経験できたことと、至るまでの苦労を味わえたことは、良い経験となった。

●夏の演奏会

中高では吹奏楽、大学では交響楽団に所属してきた。しっかり練習をしているはずなのに他人に演奏を褒められたことはなく、大学3年の頃は演奏することが嫌いになった。大学4年の夏の演奏会では重責のポジションを任されたが、鳴かず飛ばずであった。そんな時、ある先生との出会いがきっかけで、演奏に対する思いが復活し、苦手なルーティン練習も継続して行えた。段々と周りの仲間が褒めてくれるようになった。繰り返すということが苦手だった私が、地道にコツコツ基礎練習に取り組んで、実際に結果が顕れた経験は、自分に自信をもたらしてくれた。

Case4. 斎藤学さん
（京都大学工学部３回生）

解説 ▶P61－62

❶ 現在までの人生を振り返って印象深い出来事を書き出す

～大学入学前

- 文化祭
- 部活動
- 浪人での勉強／試行錯誤

大学入学後～

- 成績不振
- 読書
- コンピュータサイエンス
- 大学以外の物理
- 大学の勉強との両立に苦戦

❷ 振り返った出来事をカテゴライズし、各出来事に対する現在の満足度をつける

※満足度は−100％～100％で評価する

～大学入学前

［高校］

イベント	満足度
・文化祭	20％
・部活動	30％
・（京大）受験失敗（最低点570／1000に230点足りず）	−80％

［浪人］

イベント	満足度
・夏の京大実戦模試で冊子	90％
・秋の東大実践Ａ判定とって志望校を京大に	90％
・余裕をもって京大合格	90％

大学入学後～

［勉学］

イベント	満足度
・成績不振	−70％
・読書	80％
・趣味の勉強との両立に苦戦	−40％

［趣味］

イベント	満足度
・コンピュータサイエンス	70％
・大学以外の物理	70％
・大学の勉強との両立に苦戦	−40％

❸ プロットチャートをつくる

※時間軸を各自設定して②の出来事を選んでプロット。出来事の名前も書き込む。線で結んでも結ばなくてもOK。

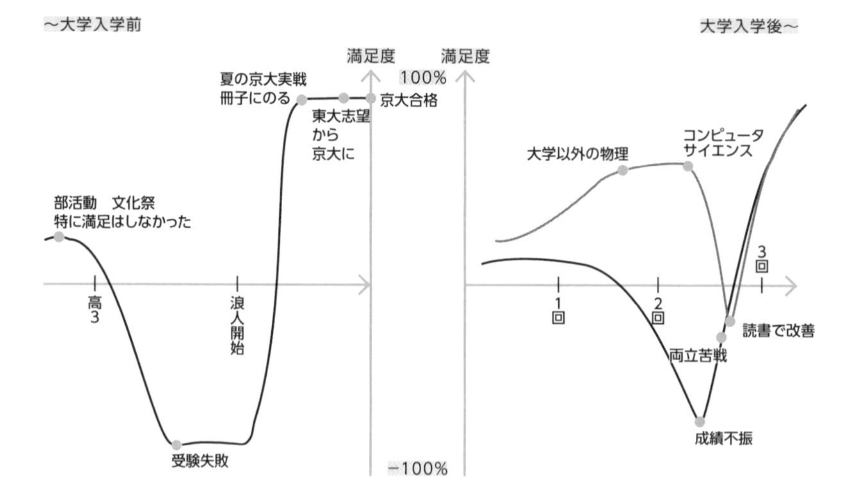

❹ プロットした出来事一つにつき200字～300字で説明する　※複数可

●大学入学前

［高校］文化祭、部活動：学校内の活動でそれなりに取り組んで頑張ったが、特に自分で目標を設定したりせずに与えられるままにこなしてきたので、自分の成長につながるようなことはできていなかった。

［高校］受験失敗：京大の入学試験で合格最低点が約570/1000のところ230点足りず、周りと戦うレベルですらなかったことを思い知らされる。

［浪人］夏の京大実戦模試で冊子掲載：合格最低点が約−230点から半年で冊子掲載まで成績を伸ばし勉強の成果が出始め、受験のペースをつかみ始める。ここで、高校範囲外の勉強に手を出し始め、勉強の理解が深まり始める。

［浪人］秋の東大実戦模試 A判定：それまで東大を目指して勉強をしていたが、京大に惹かれ始め、秋の東大実戦でA判定をとったら京大に志望校変更すると決め、実際にA判定をとったため京大に変更した。

［浪人］京大合格：成績が順調に伸び、あまり不安を感じることなく試験を受け、結果的に余裕を持って京大に合格できた。

●大学入学後

［大学の勉学］成績不振：2回生の前期から、単位を落とし始める。ここで、もっとちゃんと勉強をしようと決める。また、大学に入学した意義を再認識した。

［大学の勉学］読書：自分の大抵の悩みはこれまでに誰かしらが持ったもので、本を読めば早く解決できることに気づき読書をたくさんするようになった。悩みが減っただけでなく、理系科目以外の学問にも興味を持ち始め、知識が増えた。

勉強の両立に苦戦：大学の勉強と、趣味の勉強の両立が難しくなり、試験期間中にもかかわらずやりたい勉強しかやらなかった結果、あまり成績が芳しくなかった。でも、趣味の勉強が実験演習にものすごく生かされていたので、成績に固執せず、成長できるようにしていこうと決めた。

［大学の勉学］大学以外の物理：大学では主に工学の物理を勉強していたが、理論的な物理学にも興味を持って、趣味として勉強をしたところ、大学の物理の勉強の理解が深まり、楽しくなった。

［大学の勉学］コンピュータサイエンス：物理以外にも、プログラミングの類に興味を持ち、いろいろなものを作ってみたり勉強したりした。特にプログラミングのスキルは大学の演習で活用し、自分の思うようなものを作ることができるようになった。

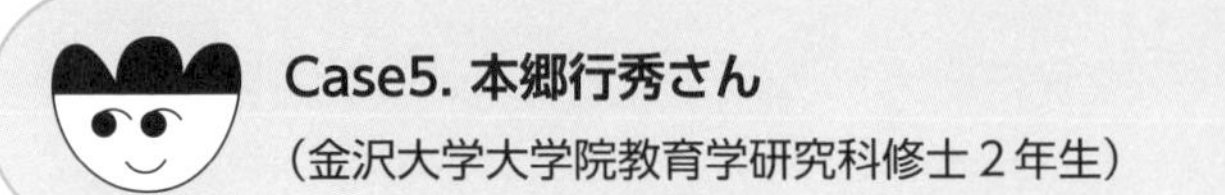

Case5. 本郷行秀さん

（金沢大学大学院教育学研究科修士２年生）

解説 ▶P65−66

❶ 現在までの人生を振り返って印象深い出来事を書き出す

〜大学入学前

- 忘れものをして怒られた
- 部活動（サッカー）
- 大学受験

大学入学後〜

- 講義　院生室
- バイト
（塾、サッカースクールグラウンド運営）
- サッカー（部活　レフェリー）
- 研究テーマの設定
- 公開研究会

❷ 振り返った出来事をカテゴライズし、各出来事に対する現在の満足度をつける

※満足度は−100％〜100％で評価する

〜大学入学前

［主体的選択］

イベント	満足度
•部活 サッカー	中学 70%
	高校 50%
•志望校選択	90%

［他者からの影響］

イベント	満足度
•忘れもの説教事件	−80%
•受験勉強	80%

大学入学後〜

［教員への道］

イベント	満足度
•講義	大学 15% ↓ 大学院 90%
•研究テーマ設定	卒論 90%
•教採	4年 0%
•教育実習	大学3年 80% 大学4年 60% 大学院 80% （教職大学院入学）

［課外活動］

イベント	満足度
•バイト	70%
•サッカー	部活 60% 審判 90% （審判活動一本化）

❸ プロットチャートをつくる

※時間軸を各自設定して②の出来事を選んでプロット。出来事の名前も書き込む。線で結んでも結ばなくてもOK。

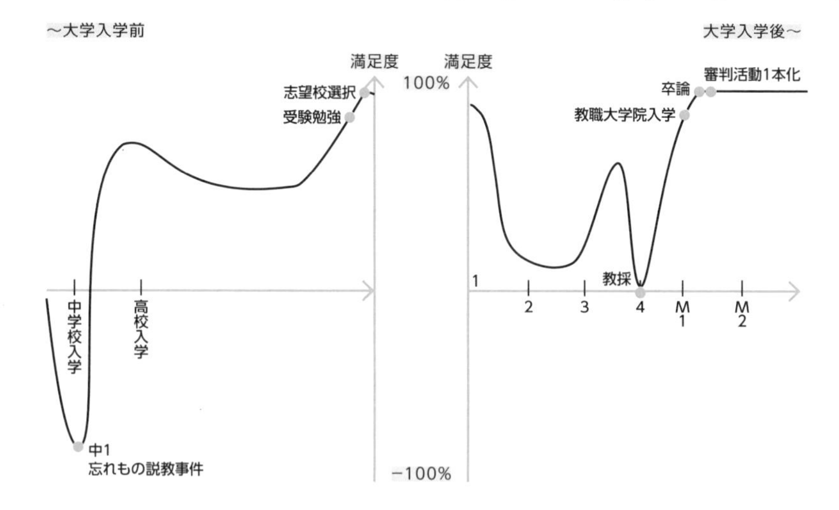

❹ プロットした出来事一つにつき200字〜300字で説明する ※複数可

●中1　忘れもの説教事件: 中学校に入学して提出物を続けて忘れるという失敗をした。また、気を付けろという先生の言葉に対し、軽い返事で済ませたことがあった。その時に先生は同じ失敗を続けた自分を思い切り叱った。怒られないように過ごしている自分にとってはかなりしんどい出来事であったが、この時に強く言われたことによって自分で活動を調整していく意識を持つことができるようになった。振り返ってみると自分が道を外れそうな時、緩んでいる時には軌道修正してくれるような人の存在がある。

●高3　志望校選択: 高校の文理選択の時点で教師になることは決めていたが、出願のタイミングで数学科と教育学部のどちらに進むか、県内に残るかどうかでかなり迷った。その時に良かったことは、自分は教師になるということを明確に意識できたこと、そして教科以外のところにも教育者としての強みを持ちたいという想いを持つことができたことである。また、母もチャレンジしなさいと背中を押してくれた。その道は修正を余儀なくされるが、常に自分がこう進みたいという思いを持ち続けながらやってこられたことは充実度にも大きくつながっていると思う。

●卒論　4年の時のゼミで初めて自分はこのような授業をしたいという想いを持つことができた。自分の場合は数学の授業を現実の問題で行うというところであったが、単に授業を構想するだけでなく、実際に中学生を相手に実践し、反応をみることができた。構想できたのはたった2つの授業かもしれない。しかし卒論に取り組んだ時間は、自分が授業をしていく上でこれだけは大切にするということを持つきっかけになった経験であり、これからの教師人生につながっていくものになっている。

●教職大学院入学　職大学院に入学してからの大きな変化は教師になるための勉強ではなく、教師になってから何をするかという思考に変わったことである。講義の内容も学部時代より具体的になり、自分の思いを整理する機会が増えた。4年の時にイメージした教員像を対話の中でブラッシュアップでき、その結果学びの場も外へ外へと広がった。広がりを見せる一方、自分のこだわるところについては深まりもある。自分は従来の教育をこういうように変えていく、このようにアクションをしていくという思いを持つことができた。現在は学生であり教員でありという少し珍しい立場で経験を積めており、理想と現実のギャップにやられていることも多いが常に頭の中がグルグルしている感覚が成長につながっていると感じる。

④ 文化祭実行委員長の経験から得た価値観

はじめに、読者のみなさんに最も近い時期のお話から、先輩の事例を見ていきましょう。価値観の形成という観点では、非常に近い過去なので思い出しやすい部分ですね。自身の高校生活を思い出しながら、東京大学の田之倉さんについて読んでみてください。

Case1. 田之倉芽衣さん
（東京大学文科三類２年生）

ワークシート▶P46−47

みなさんも高校のころに経験があると思いますが、私が高校３年生の時、学校の周年記念と併せての文化祭が実施されました。周年記念ということもあり、例年よりも大きなイベントが組み込まれていました。私はこのイベントに文化祭実行委員長として臨みました。しかしながら、高校全体で行う文化祭ということもあり、なかなか思うように進めることができませんでした。特に難しかったポイントは２つです。

- 組織運営
- イベント準備

２つのうち組織運営は、今まで触れることのなかった分野で、非常に苦労しました。ある部分について相談するときも、議論ではなく討論や批判ばかりになってしまい、前向きに進めることができませんでした。この中で学んだこととして印象に残っている点は、議論の相手の意識や背景に注目することです。「なぜこの人はこのような意見になったのか？」「着眼点はどこか？」というところに着目して、意見を聞いたり提案することで、より受け入れられやすく物事を進められたように感じます。

このような出来事から私は、自分の価値観・主観だけで相手や相手の意見を判断することでは組織を動かすことは難しいという価値観ができました。高校の時と異なり、大学ではより多様性のある人々と関わることになるので、この価値観をより広い範囲で使えるようになりたいと思います。

⑤ 外国での経験から来るモチベーション

続いては、海外での経験からモチベーションが生まれた事例です。2021年２月現在の状況ではなかなか海外へ行くことは難しいですが、“言語の壁”がもとになっているお話ですので、今でも十分に参考になる事例です。

Case2. 三吉真奈さん
（岡山大学自然科学研究科修士２年生）ワークシート▶P48―49

私は中学３年生の時、地元出身の物理学博士にゆかりのある土地をめぐる研修に参加しました。研修で訪れたのは国内で東京近郊、海外ではデンマークとイギリスでした。その中で理化学研究所やキャベンディッシュ研究所の中を見学させていただき、そこで働く方のお話などを聞きました。これらも貴重な体験として覚えています。

これよりも鮮明に今の価値観とつながっているのは、イギリスを訪れたときのエピソードです。当時、あまり英語がうまく話せなかった私と友人がイギリスのホテルで電話を借りようとしました。イギリスの通貨はポンドで、両替が必要でした。ホテルのフロントで両替をお願いしようとしたのですが、"両替"をどうしても伝えきれず、悔しい思いをしたことを覚えています。この時にスキルとしての英語の重要性を感じたとともに、自分にとって必要なスキルについて着目するようになりました。

その後、大学生3年生になったとき、大学の公認部活動をまとめる総務委員会という組織の委員長を務めることになったのですが、とりわけ新歓イベントの実施は記憶に残っています。イベント自体、内容から委員会で決定するところが始まりでした。実施までに方向性が定まらなかったことや、話し合っているうちに方針が少しずつズレていた時期もありました。結果的には、当日が雨だったにもかかわらず200人近くの新入生が参加してくれました。この経験を振り返ると、自分が企画立案から実施までのプロセスを実行できる"スキル"を身につける一助となったのだと強く感じています。

このように、スキルという観点での見方が獲得できたことは、自分にとって非常に有益だと思います。なんでもスキルがあればよいということではなく、自分のやろうとしていること、やっていること、やったことが何の目的でどんな役に立ったのか？ を考えることができるからです。

このように、過去の体験から自分の価値観が形成されていることがおわかりいただけたかと思います。先輩方の事例は自分で書いている範囲ですので、ご両親や兄弟と思い出話をすることで新しく思い出されることもあるかもしれませんね。

ここまでお読みいただき、ワークシートも記入いただいたところで、ご自身の大事にされていること・何かを判断するときに基準にしていることがわかってきたのではないかと思います。次項では、今こうしたい！ と思ったときにどのようにしてその判断を現実のものにしていくか？ について考えていきたいと思います。

⑥決断の時、その環境

自分の価値観がわかったみなさんは、決断を迫られている「ある時」について考えているのではないでしょうか？ つまり、何を基準に判断すればいいのかわかったとして、その決断のときにどうすればいいのかわからない！ ということです。まさにその通りだと思います。たとえ好きな人と同じ大学に行くことが自分の価値観に合っていたとしても、それを成就させるのは価値観そのものではありません。そこで、ここでは、自分の意思決定を現実のものにするために、自分の力で変えられるものについて考えていきたいと思います。

「自分のやりたいこと」と言われて思い浮かぶのは、頑張る・努力するといったことでしょうか。確かに受験や大会についてはその要素も多いように感じます。そしてそれと同じくらい「環境」というものが影響してくるのではないでしょうか？ どれほど努力できる人でも劣悪な環境でそれを続けられることはないでしょうから……。ということで、みなさんを含めて今までに何かを決めてそれに取り組んだことについて、結果が出るまでにどんな環境を作ればよいか、どんな活動・動きをすれば自分の望む形へ近づいていくのか、考えていきましょう。

本書は『大学生のための教科書』ですので、高校と大学の環境の違いに触れながら、なんの環境が変えられるか、どれを変えるとなんの効果があるのかについて検討したいと思います。大きな部分は「授業（正課）」「人間関係」「正課外活動（サークルやボランティアなど）」の３つでしょうか。授業は高校と大学では大きく様変わりします。一般的には大学は高校と異なり、自分でどの授業を選択するかを決める必要があります。場合によっては必修の単位を申請し忘れていて走り回ったなんてこともあるようですね。このあたりについてはPart.3に譲ることにしましょう。

「人間関係」についてはどうでしょうか？ 総合大学と単科大学では違いもあるように感じますが、同学年の人数が圧倒的に多いですね。私は東工大の出身ですが、１学年におよそ1000人の学生がいるので、高校の３倍程度いることになります。これはかなり大きい違いです。小学校や中学校までは「気づいたら」友達だったとか物心つく前に知っている人が多かったように思います。これに対して大学では友達を選ぶこともできます。私の周辺でも、勉強熱心な友達のグループにいたからTOEICで900点台まで点数を上げることができたと言っていた友人もいるほどです。

また、３年生以上になると今まで以上に大学の先生、つまり教授と呼ばれる人たちとの接点も増えてきます。これがまたクセの強い大人の多いこと（笑）！ その分、圧倒的な知識量を持っていたり、話のキレが違う先生もいらっしゃいますので、研究室に所属する前や、卒業前にいろんな先生とお話ししてみることもやりたいことの実現に寄与するかもしれません。

ここまでは正課内の話でした。続いて人間関係・部活／サークルで大学での特徴といえば、大学外との交流です。Part.2の執筆者である私自身の例をご紹介したいと思います。

Case3. 八島京平　※ワークシートは掲載なし
（東京工業大学工学部機械宇宙学科2018年度卒）

私は大学でロケットを作るサークルに入っていました。ロケットというのは１つの大学の１つの団体で打ち上げることがなかなか難しいので、他大学の多くのロケットサークルと交流していました。そのおかげもあってか、学生時代にはサークルを束ねる大学宇宙工学コンソーシアムの学生理事をするまでに至ったわけです。こうなると人間関係はさらに広いものになっていきます。様々な大学の先生、コンソーシアムの事務局の方々、ロケットの打ち上げ実験場の地元の方々と、様々なステークホルダー（利害関係者）が現れてきます。これはまさに私たち（当時）学生の「ロケットを打ち上げたい！」というやりたいことと、それを実現するための環境（ステークホルダー）という構図です。ロケットは飛ぶものですから、地元の方との信頼関係も必要ですし、関連法令の順守のために適切な機関との連絡も欠かせません。といったように、活動を広げれば広げるほど多くの人と関係ができ、"準大人"として様々な活動をしていくことができる点において高校生と大きな違いを感じます。

⑦ やりたいことを実現するための決断・環境

ここまで高校の生活に付け加える・行動範囲が広がるような話を中心に展開しました。しかし、中にはできることが広くなった影響で、「できなくなったこと」が顕現した人もいます。できなくなったことが明らかになることは、決して悪いことばかりではありません。本書を手に取っているみなさんは、受験をくぐり抜けてきたものと思います。その時期に、なにかを我慢することで得たものもあったのではないでしょうか？ 具体的なストーリーを見ていきたいと思います。

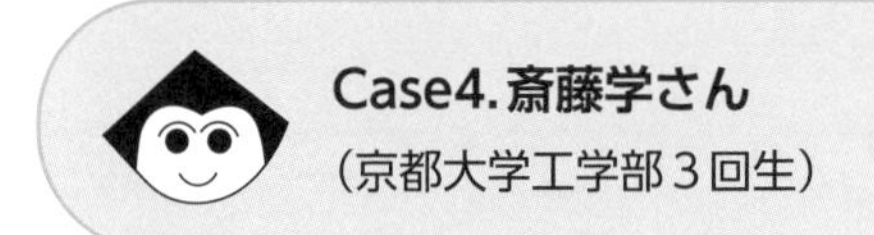

Case4.斎藤学さん
（京都大学工学部３回生）

ワークシート▶P50−51

高校３年生の時、あまり勉強に身が入りませんでした。これには原因があり、高校の環境が合わなかったことと、現役生の時の勉強は与えられた目標に向かうような形だったからです。今振り返ってみれば、勉強に身が入ってないどころか、勉強から何も得ていなかったと思います。そんな勉強では合格することもできず、結果的に全く戦える点数ではなかったことから、浪人時代での勉強は現役の時とは異なる方法で、より学びのある方法に変えました。

浪人時代に入ってからは、受動的ではありますが環境が変わったこともあり、勉強のペースをつかむことができました。その結果、夏ごろには受験冊子に掲載されるほどまで点数が伸びたのです。このころには高校の範囲外にも手を出し始め、今までよりも高校で学習するような内容をより深く理解することができました。そして、最後には余裕をもって京都大学に合格できたのです。

受験期の経験から、「目標や具体的な目的を持つこと」、「目標達成のために最適な環境を選ぶ・作る」ということを学びました。これが大学生活にも大きな影響を及ぼしました。

大学入学時は余裕をもって合格できたものの、2回生ごろから単位を落とし始めるようになります。これがきっかけとなり、より勉強に集中しようと決意します。このころになると、部活と大学の勉強に加えて趣味の勉強の割合が大きくなっていきます。趣味の勉強は座学の授業には活きなかったものの、実習の授業で活かされていました。また、これが自分の成長につながっていると感じていたため、継続していました。ただ、だんだんとすべてを充足するには時間が足りなくなっていきました。受験期の経験からも環境が重要であることがわかっていたため、部活をやめることにします。その結果、より自分の満足のいく勉強ができるようになり、成長を続けることができていると感じています。

⑧ もしも、が気になる人は

自分の価値観を理解し、それを実行する環境について考えたみなさんは、「あとはやるだけ！」という意気込みなのではないでしょうか？ そんな方はこの項を読み飛ばしていただいても問題ありません。ここでは主に、もし仮に失敗してしまったらどうしよう……と思う人向けにお話ししたいと思います。今までの話では、みなさんの「やりたいこと」「価値観に合うこと」に注目して考えてきました。しかし、自分の意に沿わないけどやらなければならないこと、やりたいことだったけど失敗してしまうこともあります。そうなった時のことをどう考えればよいのか？ それには３つのポイントがあります。

- 無理やりにでも自分のやりたいことにする
- それができたら実現可能な目標を設定する
- 自分のためになることは何かを明らかにする

どんな人でもやりたくないことはあるものです。私も文章を書くこと自体、得意ではありません（笑）。それに、私見ですが、やりたくない、かつ、やらなくていい（やらなくてもよくできる）ものについては無理して対応する必要はないかなと思っています。でもそこは“準大人”である大学生ですから、やらなければならないこともあるでしょう！

「無理やりにでも自分のやりたいことにする」とは何か？ と思われる方も多いと思います。これは主にやらなければならないことへの対策です。それは、やることの中に自分の得意なこと、好きなことを忍ばせることでモチベーションを上げる、自分のやりたい方向へ近づけていくという方法です。大学受験の勉強モチベーションの上げ方としても紹介されているかもしれませんね。

次に「それができたなら実現可能な目標を設定する」です。人間は感情で動く生き物なので、「嫌だなー」と思った瞬間にやる気がガクッと落ちます。これに対して、「これ自体は嫌だけどできたら○○が実現できる！」という状態にしてやるのです。大学によっては1年生や2年生の最後に学科の振り分けがあるかと思います。いくつかの授業は苦手でも、希望する学科に行くためには「仕方ないか」と思うと課題などにも手が付けられます。

最後に「自分のためになることは何かを明らかにする」です。これがこの項で最も重要です。なんならここだけ読んでもらっても問題ないくらいです。これは何かといいますと、自分で決めてやったことは必ず何かのためになる、ということです。なぜか？　単純です。自分でやるって言ったにもかかわらず失敗したらめちゃくちゃ悔しくないですか？ 私みたいにプライドの高い人間には「いや、そんなことないし」と言われるかもしれませんが、内心メラメラのはずです（笑）。これを自分で演出するわけですね。これによって、どんな失敗をしたとしても、すべてを失ったわけではなく、生み出したものがあったと思って次に挑戦できます。また、これから自分のやりたいことに挑戦していくみなさんには、仮に失敗しても大丈夫、と思っていただけるのではないでしょうか？

幸いなことに大学生という身分は相当なことがない限り路頭に迷うようなことはありません。仕事がなくても生活できますし、年金は「学生納付特例制度」の申請により猶予されます。つまり、“挑戦に最も適した時期”ということです！ とはいえ、まずは自分のやりたいことが前提です。それがない人は他の人のやりたいことを応援してあげるのも１つの手段かもしれませんね！

さて、ここからはまた先輩の事例とともに今までの話を振り返ってみたいと思います。

⑨学びながら変わっていく目標

ここで少し別の軸からの「頻度」という視点で見ていきたいと思います。ここまでの私の書きぶりや事例から見ると、決断とは20年に１度のことではないか？ という印象を受けた人もいるかもしれません。

しかし、決断には大小もありますし、頻度に限界があるわけではありません。極論ですが、たとえば、食事は少しずつ自分やパートナーに合った味付けや内容に調整していきますよね？ そのように毎日の中に小さな決断はあるのです。ここで紹介するのは、大学から大学院までに常に自分を振り返り、方向修正している事例です。これもまたみなさんの参考になると幸いです。

チャート▶P52–53

私は進路について、高校３年生の時にかなり悩みました。文理選択の際は教師になりたいと思っていましたが、教師になれる学部学科はいくつかあります。その中でも教育学科と数学科で揺れていました。それ以外にも実家を離れるかどうかもポイントの１つでした。この時期は、今までの自分の経験や価値観から、自分はどちらに行きたいのか？ をよく考えていました。そのおかげか「自分は教師になりたい」と思っていることを確信することができました。自分で決めた道を進むことができたことから、今でも大学生活の満足度が高いです。

その後、大学生活を送る中で「自分はどのような教師になりたいのか？」と考えるようになります。これはもともとの「教師になる」という目標が現実味を帯びてきたときに、その先はどうなるのか？ と思った結果です。教育学科で先生になるための勉強をしたことを振り返ると、よりその思いが強くなりました。

「どのような教師になりたいか？」という思いがあり、大学院への進学を決意します。それまでは比較的閉鎖的な環境の中での学びが中心でした。しかし、大学院では一度先生として勤務した後に学び直しに来ている方もいて、より自分の価値観や知識が広がったように思います。

このように、一度決めた目標が達成されつつあるとき、環境や経験の振り返りにより、学びを得たり次の目標を定めることができたりしたことは本郷さんにとって大きな経験だったそうです。このサイクルによって自分が成長できていると感じることができたのですね。

Part.3

自分で自分の道を選んだ先輩たちの実例集

Part.2は「過去の経験をどう振り返るのか」という
シートを中心にお話ししました。
ここからは、その過去の経験を踏まえて、
大学生たちがどのような大学生活を得ているのか、
実例を挙げて紹介します。

執筆：西岡壱誠

College Life1　社会的な出来事と夢の変遷
（加藤稜一郎さん／神戸大学海事科学部４年生）

加藤さんは高校３年生まで教師を志望していました。しかし、2011年の東日本大震災を経験、ニュース等で情報に触れることで、原子力発電所をはじめとするエネルギー問題にも興味を持つようになりました。その結果、高校３年生の夏以降、自身の仕事を通じてエネルギー問題に貢献したいという気持ちが強くなり、エネルギー関連の仕事に就きたいと思うようになりました。

これはまさに自分の価値観が定まったときであり、エネルギー問題というものがその時点での加藤さんの価値観に響く内容であったといえるでしょう。ここからわかるように、価値観は過去の出来事によって変わるとともに、過去のある時点での価値観に合致すればまた別の価値観へと変容していきます。

東日本大震災の後、夢が変化した加藤さんですが、エネルギー問題について調査したそうです。その調査の中で日本は海洋国家であることがわかり、海洋開発が重要であると考えるようになりました。中でも、当時はメタンハイドレートが注目を集めており、興味を喚起させられました。

しかし、メタンハイドレート自体は自身が関与する可能性が低いように感じたそうで、その他のエネルギー資源に目を向けました。その中で洋上風力と出会い、その結果、洋上風力について大学で専門的に学ぶことにしました。

このように自分の興味を深掘りすることで、より自分の価値観に合うもの＝やりたいことの具体化が可能になる、ということが読み取れます。これは環境を自分で変えることにも非常に深くつながっています。それは選択肢を知っていることでできることが増えるということです。加藤さんの例では、海底のメタンハイドレートについて調べたことによって、より仕事として現実的な風力発電について興味を持つことになりました。もし、みなさんも興味がある分野や気になることがあれば調べてみてください。自分の将来につながる何かが見つかるかもしれません。

College Life2　過去の失敗から得た反骨精神
（宮本泰輔さん／岡山大学法学部４年生）

宮本さんは中学生時代、勉強ができる方で、行きたい高校に対して十分な学力があったそうです。その結果、高校受験に向けての勉強が疎かになってしまいました。宮本さんは不合格となり、一方で同じ高校を受けた同級生が合格したことで非常に悔しい思いをしました。別の高校に入学後、その高校には第一志望に落ちて入学したという境遇の仲間が多く在籍していました。そのため、学校全体として向上心が高く、宮本さん本人も反骨精神旺盛で勉学に励むことができたそうです。

高校受験の失敗は当時の彼には非常に手痛い経験であったと容易に推測できます。しかし、その結果として、失敗をばねに努力することができ、現在では岡山大学の法学部に在籍しています。これは、みなさんも失敗をばねに頑張ろう！　ということが言いたいのではありません。自分が失敗に対してどんな反応を示すか？ がわかる、ということをお伝えしたいのです。人によっては失敗を冷静に整理して次に活かす人もいれば、数か月にわたって落ち込んで戻ってこられない人もいます。このように自分の価値観や反応を知ることで、その対応としてどのような環境にするか？ どのような未来としたいか？ を考えられるようになります。

宮本さんが進学した法学部の人の多くは弁護士を目指し、彼も例にもれず弁護士を目指していました。しかし、大学入学後に法学部の勉強を進めると、自分が思っていたものとのギャップを感じるようになったそうです。その結果、弁護士を目指すことはやめて、自分の趣味である自動車について、法学的に仕事ができないかと考えて、就職活動を行いました。

大学での勉強と自分のイメージにギャップを感じる人も少なくないようですが、宮本さんはそのギャップに対して、「弁護士を目指さない」「やりたいことの法務関係を目指す」という決断をしています。これによって自分の価値観に寄り添った結果に近づいたと考えられますし、そのための環境を作ることにも前向きになれたものと思われます。

College Life3 自分の大事な価値観と職業
（古山ほのかさん／岡山大学教育学部４年生）

この本を読まれている方の中には、教員養成課程に進まれている方がいらっしゃるのではないでしょうか？ 古山さんもまさにその一人でした。教員養成課程では教育実習があり、彼女も同じく実習に参加しました。特に対象が幼稚園や小学校であったため、大学の講義で学べることには限界があり、非常にいい経験になりました。また、知識を得るだけではなく、自分なりに工夫や改善を重ねることで、自分自身の成長を感じることができたそうです。

教員になりたいという目標をもとに、何が必要か？ という観点を持っての現場での実習は非常に楽しく、充実したものだったと思います。教員になりたい人以外でも、エンジニアになりたければ、ものを作ってみる。営業を極めたいと思えば、友達に映画や音楽を薦めてみる。そのように、手を動かすことによって得られる情報・感覚は多いものです。もし、やりたいことがある程度決まっている方は具体的な行動に移してみるのがよいかもしれません。

さて、古山さんは、教員と教員以外の職業と迷いに迷った結果、後者を選んで就職活動を開始しています。教員という特定の子どもや保護者とかかわることの素晴らしさを知った上で、より多様な人とのかかわりに対する魅力も彼女は感じていたそうです。というのも、彼女はこれまで海外研修での言語の異なるコミュニケーション活動や部活動・サークル活動などの様々な経験を通して、彼女自身が他者との関係によって多大なる刺激と恩恵を受けていることを実感していたからです。彼女の通う岡山大学が、教員養成の教育学に加えて、法学や文学といった文系から、医学や理工学といった理系まで、社会の中で高い多様性を持つ総合大学だったということも起因していたのかもしれません。

そして、この「多様な人たちとのかかわりの大切さ」が、彼女の中心的な価値観になったといえます。彼女はこの価値観に従って、現在の職業選択をしたことになるでしょう。

College Life4 当たり前を疑うようになる
（溝脇陽さん／岡山大学教育学部２年生）

みなさんの中学・高校の時の部活は充実していましたか？ ここで紹介する溝脇さんはなんと卓球の地区大会で優勝したそうです。周りでもあまり聞いたこともないので、とても上手だったのだろうと思います。しかし、地区大会で優勝した後、彼は天狗になってしまったそうです。その結果、地区大会の後に行われる県大会で惨敗することになります。この過程で、結果が出たとしても謙虚でいることを、身をもって学びました。

その後、大学受験の時期になり、より効率的に勉強するために通常の課題をやらずにいたことがありました。その結果、先生に叱られたそうです。もちろんさぼっていれば、それも当然のことと思われるかもしれません。そこで彼は課題をやらなかった理由を話したところ、「課題をやることは当たり前」と言われたそうです。大学受験の最大の目標は「大学に合格すること」ですから、論理的には合格するためのことであれば大概のことが許されると思いました。この出来事から、溝脇さんは“当たり前”を疑うようになりました。

大学入学後、高校生のころから計画していた、実家まで自転車のみで帰省する、という挑戦を実行に移します。しかし、その道中に自転車がパンクしてしまい、学生であるがゆえに金銭的な理由で、帰省を断念してしまいました。これを振り返った彼は、金銭面以外では問題がないことに気がつきました。

そして、ここまでの経験の中で、以下のようなことにも気づきました。

- 当たり前を妄信しない。
- 起こっていることに対して、いろいろな視点で見てみる。

これは部活動で天狗になったことから、自転車のパンクまで共通して考えられることです。「自分はよくできるのだから勝って当然（＝当たり前）」ではないということ。「課題をやることは当たり前」ではないこと。「金銭面で難しければ諦めることは当然」ではないこと。

このように、経験から重要な視点を見て取ることができます。みなさんも自分の人生の中で大きなイベントを書き出したり見直すことで、学びを得てください。そして、自分の今後をどのように判断していくかの材料にしていただければと思います。

College Life5 自分が気づいたことを仲間にも
（森下竜史さん／千葉大学法政経学部３年生）

森下さんは中学生のころ、テニス部に入っていました。他の部員と違い、なかなか活動に身が入らないこともありました。その中で部活のコーチに「お前はスロースターター、遅咲きだな」と言われました。それまで、自分視点でしか自分のことを見たことのなかった森下さんは衝撃を受けます。自分に見えていない性質がわかり、自分以外の視点の重要さに気づきます。

大学で軽音サークルに所属していました。副代表として活動していましたが、サークルのメンバーが控えめであったためか、サークル内の交流や意見交換が少ないと感じたそうです。この状況を変えるために、意識的にメンバーの意見を聞くようにしました。これは中学生のころの出来事から感じた、多くの視点で考える、というところから生じています。その結果として、食事会を開催するなど、活動の頻度や多様性を高めるような活動を展開していきました。これらの行動が功を奏し、多くのメンバーがサークルに愛着を持ってくれるようになりました。

組織自体の多様性もさることながら、視点の多様件も意識した活動が良い結果を生むことになりました。特に、部活という組織での出来事から振り返って得た価値観や経験を、同じく組織であるサークルに展開することで、自分の目指す方向に導けたことは、非常に良い事例であるといえます。

加えて、自分が気づいたことを仲間にも適用しているところが、まさに環境を変えることにつながっています。大学においても中学においても、部活やサークルが生活に占める時間は少なくありません。その時間をより有意義にしようとしたことで、自分により好ましい結果を得ることにつながっています。

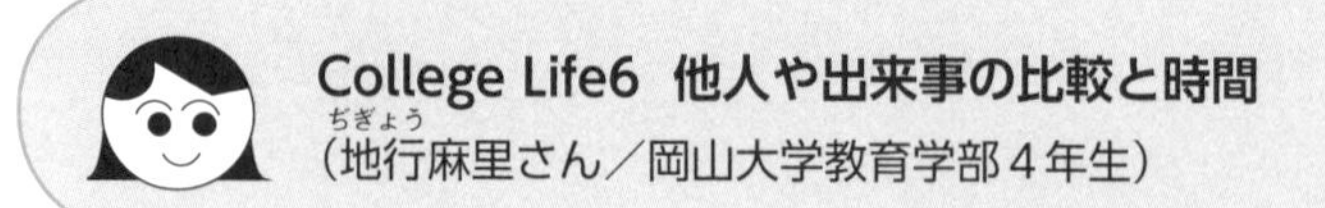

College Life6 他人や出来事の比較と時間
（地行麻里さん／岡山大学教育学部４年生）

大学生活での楽しみと言えば部活やサークル以外に、旅行が挙げられるかと思います。そんな旅行が好きな地行さんの例をご紹介したいと思います。彼女も大学生活の中で、中国地方と四国の制覇を目標に、様々なところに旅行に行っていました。そして残すところ島根県のみというところまで来ました。しかし、部活動が非常に盛り上がった時期だったため、最終目標の島根県に行くことはかないませんでした。この時に、日常の部活動やアルバイトがあるからこそ、非日常である旅行が一層楽しいものに感じられるということに気づきました。結果として、日常の部活やアルバイトも楽しみの１つとして考えられるようになりました。

そんな大学生活の中で、高校生のころに考えていたこととギャップがありました。それは、大学生になれば自動的に今までと違う自分になると思っていた、ということです。気づけば高校のころと変わらない生活を送っていました。特に大学だと、友達が遊びに行ったという話もよく聞くため、自分も遊びたくなった時期もありました。そのために部活をやめようと思ったこともあり、友達に相談しました。いろいろと相談しているうちに、遊びに行きたいという気持ちが薄れていき、最終的に部活をやめることなく、生活するようになりました。

この事例から、比較という視点の重要性と、時間によって解決することもできる、ということがわかります。ここまで多くの視点を持つことの重要性を指摘してきました。しかし、今すぐに視点を増やせと言われても難しいものです。そこで便利なのが比較です。大学生の時と高校生の時や、自分と友達など比較することでわかることも少なくありません。

この比較ですが、欠点もあります。それはあくまで相対的な視点であるということです。たとえば、みなさんのテストの点数が90点で友達が95点だったとしましょう。確かに友達の方が点数が高いことは間違いありませんが、平均点が低ければテストを受けた人の全体で見ればみなさんは上位であることに違いはないでしょう。このように比較に固執しすぎることは避けた方が無難です。

College Life7
経験からやりたいことが見つかり、それを実現
（林田圭さん／神戸大学発達科学部2018年度卒）

最後にご紹介するのは林田さんの経験です。彼は高校２年生のころに音楽ボランティアの活動として福島県のいわき市に行きました。このころは東日本大震災の後で、彼自身も震災時に東京にいたため、地震自体は経験していました。しかしながら、現地に行って活動する中で、高校生や経験者と交流し、自分が考えているよりも支援が必要、かつより高い社会への意識の必要性を感じました。

その結果、大学進学後にボランティア活動の規模を広げました。音楽ボランティア以外にも、児童館でもボランティアとして活動しました。児童館で多くの子どもと触れ合う経験から林田さんは学童保育について、より深く学びたいと思い大学院進学を決意します。この大学院への進学は同じ大学ではなく、違う大学の大学院への進学だったため、家族も含めて反対意見が少なくありませんでした。この反対を押し切り、大学院に進学し想像以上の経験を得ています。

Part.5で詳しく語られますが、仕事や活動をより長く充実させようと思ったら、「やりたいこと」「できること」「求められていること」の重複する部分を中心にするとよいです。

この３つの中でやりたいことやできることは自分で制御することが可能です。ただし、求められていることについては、環境や時間によって大きく変わります。東京で通用しても大阪では通用しないこともありますし、ここ数年で変わらないこともあれば数週間で変わってしまうこともあります。その視点に立つと、林田さんの東日本大震災に起因する動機は、その時点から数十年は続くものと思われますし、それを現場で感じ行動に移したことは、かなり充実した時間を生み出したのではないかと推測できます。

「できること」という視点でも、非常に参考になります。なぜかというと、やりたいこと＝学童保育をより深く学びたい、求められていること＝社会的に待機児童を含めて教育に課題が山積しているといわれている、という状況で残りの「できること」についてアプローチしている点です。

大学生の中でよくある質問が「自分が何をしたいかわからない」というものです。これは高校まで決められたカリキュラムの中で生活してきているので、個人でどうにかできることではありません。そこから出てきた直後に「君は何がしたいんだ！」と言われてもよくわからないですよね……。そんな人は興味のある分野など好きなことの周辺で「求められていること」を探してみることも１つの手段です。自分のやりたいことが先行することが理想かもしれませんが、「突き当たったが天職」とはよく言ったものです。求められていること起点で自分がやりたいことが見つかることも全く悪いことではありません。目的は充実した時間を送ることなのですから！

……さて、Part.1からPart.3まで読まれて、いかがでしたか？
「大学生活って、なんだか楽しそうだな」
「充実させることもできるし、今後社会に出てからの人生に役立つ何かを得ることもできるんだな」
そんな印象を持っていただけたなら、最高だなと思います。

Part.4

後悔しない大学生活を送るための“軸”を作ろう

Part.4では、格言ワーク、３人目の職人ワーク、価値観軸作成ワーク、判断軸作成ワークなどの具体的なワーク方式を用いてみなさんが大学生活を送る上で重要な「みなさん自身がどう生活するのか？」ということについて、一緒に考えていきましょう。

執筆：西岡壱誠

本書は、この本を読んでいるみなさん自身が、大学生活を最高に楽しめることが大前提となっています。他の大学生の経験や大学生活の知識は、参考になるものではあっても、あくまで参考でしかありません。みなさん自身が、「自分がどういう人間で、何を大切にしているのか」という、自分自身の価値観をきちんと理解しなければ、なんの意味もないのです。

勉強だって、参考書を買って、ペラペラめくっているだけでは学力は上がりませんよね？ その参考書を活用して、ドリルやワークのページで問題を解いたりしながら勉強し、みなさん自身が手を動かして初めて、成績が上がります。

そこで、この章はワーク方式で構成しました。このワークを通して、今からみなさんの価値観をじっくり整理してもらいたいのです。ここでいう「価値観」は、「どんな考えを大事にしている人なのか？」ということです。その考え方の通りに生きることができるかはわからないけれど、そう生きたいとは思えているかもしれない、そんな思いこそが価値観だといえます。

そしてその価値観をもとに、私たちは何かを判断します。重大な決断をしようとするときや、「どちらを選べばいいんだ？」というときに、価値観を軸に選ぶことになります。みなさんは大学で、これから先の人生の選択をするときに、価値観で物事を決めるのです。

そしてそれは、私たちが「こう決めればいいよ！」「これが大事なんだよ！」と言えるものではありませんし、また言っていいものでもありません。今までの話を受けて、ここからどのように大学生活を過ごしていけばいいのかということについて、様々なワークを解いてもらいながら、お伝えできればと思います。

①格言ワーク【導入編】

まず、初めにやってもらいたいのは「格言ワーク」です。先ほど僕は「価値観を知ろう！」のようなことを言ったわけですが、多くの人は「ええ？ 価値観？」と少し引いたんじゃないかなと思います。

だって、ねえ、みなさん。「価値観」って、なんだか堅苦しい響きだと思いませんか？「あなたの価値観を一言で説明してください！」なんて言われたって、多分多くの人は「いや、そう言われても……」と答えに窮するのではないでしょうか。

僕だってそうです。「自分の価値観」なんてものをすぐにスパッと言える人なんて、なかなかこの世にはいないんです。

「ええ?! じゃあこの章って無理なことさせようとしてるってこと？」と思うかもしれませんが、そういうことではないんです。

「価値観を教えて」だと、反射的に「わからない！」と思ってしまいそうですが、こう聞かれたらどうでしょう。

「好きな小説の一文は？」

「好きな音楽の歌詞は？」

「好きなドラマの台詞は？」

「好きな漫画のコマは？」

これなら多分答えられるのではないでしょうか？

かっこいいものなど、学問的なものじゃなくていいんです。歴史上の人物である必要もないし、難しい言い回しでなくてもいいんです。あくまであなたの趣味の中で、あなたが感じた、「これいいな」を考えればそれでいいのです。

それも難しいのなら、TwitterやInstgramで自分が「いいね」をした投稿を見るのでもいいんです。みなさんがいいと思った言葉を、考えてみましょう。

たとえば僕は椎名林檎さんがボーカルを務める東京事変の『私生活』の歌詞にある「酸素と海とガソリンと沢山の気遣いを浪費している」と、King Gnu（キングヌー）の『小さな惑星』の歌詞「ずっと夢を見ていたいのに決まった時間に今日も叩き起こされるんだ　大きな欠伸くらい許してよ　酸素が足りずに今日も産声を上げているんだ」の部分が好きです。

ドラマの台詞なら、2006年にフジテレビ系で放送された坂元裕二さんが脚本担当の『トップキャスター』の「自信がなくても信じてみる、迷ったらやってみる、不安だったら飛び込んでみる、怖かったら走ってみる」が好きです。

こういう方法なら、みなさんも答えが出て来ませんか？ そして意外と、好きなフレーズの中にこそ、私たちの「価値観」と呼ばれるものは眠っているかもしれません。「価値観」は、「その人の判断の機軸になる、大事にしている考え」だと説明しました。でもそんな仰々しいものとして考えなくても、私たちは決断を迷ったときにふと、昔観た映画のワンシーンや、好きな人物の言葉など、漫画のコマが頭に浮かぶことがありますよね？

『FIGHT CLUB』（1999年、アメリカ映画）でブラッド・ピットが熱演していた、常道を外れた思考をしているタイラー・ダーデンによる「いつか必ず死ぬってことを恐れず心にたたき込め！ すべてを失って真の自由を得る」というような台詞に背中を押されて行動することも、荒川弘（あらかわひろむ）さんによる漫画『鋼の錬金術師』の主人公の「立って歩け、前へ進め」という言葉に心を動かされて活動することもあるはずです。僕の友達は、『氷菓（ひょうか）』というアニメのヒロインの言葉に触発されて東大に来たと語っていました。

案外人間はそういうふうに自分の人生の選択をしているし、それでいいのだとも思います。そういう、自分がいいと思った言葉やフレーズにはきっと、自分の価値観が眠っているはずなんです。意識しているか、していないかにかかわらず、あなたが大切にしたいと思っているものが、そのフレーズに入っているはずなんです。逆にいえば、その格言を深掘りすれば、自分の大切にしている価値観が見えてくるはずです。

② 格言ワーク【実践編】

というわけで、自分の価値観の深掘りの方法をご説明しましょう。以下の４つのステップに従ってください。

❶ あなたが大切にしているフレーズは？

❷ どういうタイミングで、それを思い出す？

❸ それが好きな理由は？

❹ そこから見えてくる、あなたの価値観とは？

83〜84ページのこの４つを自分に問いかけてみましょう。

まず大切にしている言葉を書き、それを思い浮かべるタイミングを想像します。そしてその理由を考え、そこから自分の価値観を考えてみます。これこそ、自分の好きな言葉から価値観を掘り出すことができる行為です。

この時点では価値観の解像度が低くても大丈夫です。ここから先のワークで、もっと解像度を上げていきましょう。

❷は説明が必要かもしれませんね。

「なんで思い出すタイミングが必要なの？」と。

でも、よく考えてみましょう。好きな言葉というのは、適切なタイミングがあるからこそ輝くものです。漫画を読んで「面白かった！」と思ったとしても、それで終わりになってしまうなら、私たちの血肉になることはありませんよね。そうではなくて、自分の人生を通して大事にしようと思うフレーズ、そして自分の人生が変わるほどの言葉というのは、なんらかのタイミングで思い出して、あなた自身が「使っている」から重要なのです。

だからこそ、❷の質問が必要なのです。あなたはいつ、その言葉を使っているのか？ それを考えることで、自分の価値観がわかってくるはずです。そしてそれが自分に与えている影響を考えればきっと、その言葉が好きな理由がわかり、価値観が見えてくるようになるはずです。

たとえば……。

自分の価値観を掘り出す

1. あなたが大切にしているフレーズは？

ずっと夢を見ていたいのに決まった時間に今日も叩き起こされるんだ　大きな欠伸くらい許してよ　酸素が足りずに今日も産声を上げているんだ

2. どういうタイミングで、それを思い出す？

何気ない日常を生きているタイミング。

3. それが好きな理由は？

普通の毎日を送っているときに、このフレーズがあると、なんだか何気ない日常がキラキラして見えてくるから。

4. そこから見えてくる、あなたの価値観とは？

日常を大事にしたいんじゃないか？

1. あなたが大切にしているフレーズは？

自信がなくても信じてみる、迷ったらやってみる、
不安だったら飛び込んでみる、怖かったら走ってみる。

2. どういうタイミングで、それを思い出す？

自信がなかったり、迷ったり、不安だったり、
怖かったりして、立ち止まってしまうとき。

3. それが好きな理由は？

何かに挑戦するときに、元気がもらえる言葉だから。

4. そこから見えてくる、あなたの価値観とは？

挑戦したい人間なんじゃないか？

ここでワンポイント！ 必ず、言葉にしてみよう！

「こういう人物」や「この生き方」ではなく、「フレーズ」で切り取ってください。言葉というのは面白いもので、前後の文脈を考えずに切り取ってみると、なんだか全然違う言葉のように聞こえてくることがあります。無理にでも、切り取ってみてください。そしてそこに書いてある言葉と、前後の脈略なく向き合ってみましょう。きっと見えてくるものが違うはずです。

③ 3人目の職人ワーク【導入編】

突然ですが、みなさんはハーゲンダッツというアイスが好きでしょうか？ なぜか日本では群馬県にしか工場がないことで有名な、めちゃくちゃ美味しいあのアイス、ハーゲンダッツです。おそらく多くの人が食べたことがあると思うのですが、あのアイスを食べたときに人間が抱く感情というのは、実は次の３種類に分類されるのだそうです。

❶ このアイスを、もっと自分が食べたい

❷ このアイスを、自分の大切な人にも食べさせてあげたい

❸ このアイス、どうやって作ってるんだろう？
より多く量産するためにはどうすればいいだろうか？

わかりますか？ この３種類の感情は、そっくりそのまま一人称・二人称・三人称になります。❶が自分の利益を考える人、❷が他人の利益を考える人、❸がより多くの人の利益を考える人。この３種類に分類できるというわけです。

この基準で考えてみると、みなさんの考え方はどれが一番多いでしょうか？ どれが正解ということはないのですが、願わくば、誰かの幸せや、より多くの人の幸せを考える人でありたいですよね。何が言いたいのかというと、同じアイスを食べていても、考えることは全然違うということです。

同じ出来事があったとしても、同じ漫画を読んだとしても、同じ行動をしたとしても、人によって受けとめ方やとらえ方は全然違います。同じ大学で、同じ授業を受けても、得る知識や経験は、全く異なってくるかもしれないわけです。

では、これは何によって変わってくるのか？ それは、先ほどからお話ししている「価値観」に他なりません。みなさん自身の価値観が、みなさんの考え方を変え、行動を変えているのです。解釈の仕方だけで、みなさんの感情も行動も変化していくというわけです。

Part.3でも、いろんな人がいろんな経験をしていましたが、同じ経験が同じ満足度になるわけではなかったですよね？ 大学で授業を受けた経験が、満足度として高い学生も低い学生もいました。サークル活動やバイトが、大きなプラスになる人もそこまで大きなプラスにならなかったと思っている人もいました。この差は、価値観によって生まれています。アイスクリームを、どう解釈する人間なのか？ それを知っておけば、みなさんもきっとよりよい選択ができるようになるはずです。

もう１つ、たとえ話をしましょう。みなさんはこんな話をご存知ですか？

あるところに旅人がいました。旅人は、旅をしている途中で、３人のレンガ職人に出会いました。レンガ職人はレンガを積んでいました。そのレンガ職人に聞きました。

「何でレンガを積んでいるんですか？」と。

１人目はこう答えました。

「見てわからないのか？　とりあえずレンガを積んで、お金儲けがしたいんだよ」

２人目はこう言いました。

「見てわからないのか？　レンガを積んで礼拝堂を造るために、俺はレンガを積んでいるんだよ」

３人目はこう言いました。

「レンガを積むことによって礼拝堂を造り、それがこの町のコミュニケーションの場になるんだ。この町にとってプラスになるから、僕はレンガを積んでいるんだよ」

同じレンガを積むという行為をしている人にもかかわらず、実は、そのモチベーションや考え方は、全然違っていたわけです。みなさんは、誰のモチベーションが一番高いかわかりますか？　それはやはり、最後の人なんです。３人目が一番、レンガを積むという単純な仕事に対してでもプロ意識を発揮して、ちゃんと努力するということができるし、何かあってもきっと諦めることはないでしょう。

みなさんはこれから、大学生活を送り、授業に出て勉強し、部活やサークル活動を行います。しかしそれは、大学生活を送るわけでも、授業で勉強するわけでも、部活やサークル活動を行うわけでもありません。レンガを積んでいるからといって、「レンガを積んでいる」と答える必要はないのです。そんなふうに、考え方を変えるだけでみなさんの行動はすべて一変するのです。

Part.2では、各々が昔の行動についてどれくらい満足しているのかという話をしました。「昔はマイナスだった出来事が、今のプラスにつながっていることもある」という書き方をしている人もいましたよね。つまりは、「今、満足していなかったとしても、この経験は未来につながることもある」という可能性があるわけです。

もっと言うなら、途中からレンガ積みの解釈が変わった人もいました。はじめに考えていた目的とは違う解釈で大学生活を送りだした人もいましたよね。途中から目的が変わる人もいるし、そうであっていいわけです。

要するに、「考え方１つで、今の行動や過去の出来事は解釈が変わっていく」のです。そういう意味で言うならば私たちはいくらでも過去を変えられるし、いくらでもこれからの大学生活を素晴らしいものにできます。極端な話、世界平和のための高校生活だったと解釈することもできますし、世界平和のための大学生活になるかもしれないわけです。

そして、今からみなさんにやってもらいたいのは、「３人目の職人」ワークです。みなさん一人ひとりの過去の経験・行動を１つ挙げたときに、それにどういう「解釈」ができるのかを考えて、「３人目の職人」になってみようというものです。

④ 3人目の職人ワーク【実践編】

こちらも、４つのステップに従って実践してみましょう。

❶ 過去のなんらかの「行動」、自分がやったことを書く
❷ それが、「何を目指して」の行動だったのかを言語化する
❸ それがどのような「行動・感情」につながったのかを考える
❹ ③は、「誰を」気にして行動したのかを書く

❶はとりあえず、自分がやったことを書きます。なんらかのイベントでもいいですし、勉強やサッカーなど、そういうフワッとしたおおまかなものでも大丈夫です。

それに対して、❷は３人目の職人になったつもりで解釈してみます。もちろん、「いや、そんな何かを狙って行動したわけじゃないんだよ」と思うかもしれませんが、それはもう、考え方の違いでしかありません。１人目の職人として活動していた人も２人目の職人として活動していた人も等しく、無理をしてもいいから、「３人目の職人」の答え方で考えてみましょう。

それが難しければ、❸❹を先にやってみましょう。具体的にどんな行動をして、どんな感情になったのかを書いてみる。そしてそれ

が、どんな人のことを頭に思い浮かべながらの行動だったのかを考えていきます。この２つが考えられると、「そうか、自分はこういう人のことを気にしていたのか」「じゃあもしかしたら、この考え方が根底にあったのかも？」と思いつくようになります。

具体的に説明しましょう。Part.2のCase.1で登場した田之倉さんは「コロッケの食べさせ合いの人数でギネスブックに挑戦」したそうです。みなさんはこれ、誰にとってのメリットを考えた行動だと思いますか？ 自分でしょうか？ それともコロッケを食べさせ合った人？ または学校の人？

実はこれ、地域の住民・地域に関わる全員をハッピーにするための行いだったそうです。

特産品のコロッケが有名になるような宣伝ができれば、その地域の人たち全員にメリットがありますよね？ ギネスに挑戦することを通して、コロッケを有名にすることを通して、その地域を有名にすることを通して、その地域のみんなをハッピーにしていたというわけです。この、どんどん違うもの、よりマクロなスケールのものにつながっていく感覚が、みなさんの中にもあれば、それがみなさんの価値観になります。どんな思いでレンガを積むのか？ そのレンガ積みが何につながるのか？ そう考えて、過去の自分を振り返ってみたときに、どう解釈できるのか。それをしっかり考えてみましょう。

より広く、より大きな目標を、あえて作ってみましょう。そうしたときに真ん中にあるのはきっと、あなたの価値観に他ならないと思います。

⑤価値観軸作成ワーク

さて、「格言ワーク」と「３人目の職人ワーク」を通して見えてきたことをもとに、価値観について実際に考えてみましょう。

まずは、今までのワークを経て見えてきたことから、真ん中の「理想像」を埋めてみましょう。それを考える上で重要なのは、「誰を幸せにしたいか？」です。周りの人なのか、自分の住んでいる地域の人なのか、それとも日本国民なのか、あなた自身なのか。答えはなんでもよくて、その場合に重要になってくることを理想として考えればいいわけです。これは、３人目の職人ワークで書いたことと同じことを書いてみましょう。

次に、あなたが大切にしている価値観を書いてみます。その人の幸せを考える上で重要なのは何か、どういう行為をする人間でありたいかを書いてみます。これは、格言ワークで書いたことと同じことを書けば大丈夫です。

そして３つ目は、判断軸です。これに関しては後からで大丈夫なので、一旦置いておきましょう。

４つ目は、モデルケースです。自分の理想に最も近いのはどんな人物で、実在だろうがそうでなかろうが、「この人のようになりたい」と思う人を１人考えてみましょう。もちろん「誰にもなりたくない」という人もいるかもしれませんが、もし理想の自分を思い描いたとして、その思い描く自分の姿が少し不明瞭なところがある場合は必ず書いたほうがいいと思います。なぜなら、実際に１人の人物を挙げれば、理想の自分の姿もより明確になるからです。これも格言ワー

価値観軸作成ワーク

1 誰を幸せにしたい?

2 その幸せに当たって、あなたが大切にする価値観は何?

自分は、どうすれば幸せなのか　目指すべき理想像は?

3 その幸せを考える上で、必要になる判断軸は何?

4 それに関連する人間／モデルケースになる人は誰?

クで考えたこと、これはその格言を言った人と同じになっても問題ないと思います。

こう考えると、「格言」「３人目」で、すでにある程度みなさんの価値観は見えてきていて、それをあらためて言葉にしよう、というワークでしかありません。ですので、ここでつまずいてしまうという場合は、前のページに戻ってその部分を読み直すといいと思います！

⑥判断軸作成ワーク

さて、積み残した３つ目に関しての課題です。みなさんは、どんな判断軸で行動しているでしょうか……なんて言われても、なかなか想像がつかないかもしれません。

でも、みなさんの行動の中に知らず知らずのうちに判断軸が入っているものなのです。たとえば合理的に行動したい人。自分のメリットをきちんと考えて行動したい人もいますよね。それに対してそれとは全く逆に、メリットを度外視し、「これはいい」と思えることを感情的に行動したい人もいるはずです。

何か問題に直面したとき、自分が何か行動を起こすのかそうでないのか、そうした判断の軸が必ずあるはずで、しかしそれを言語化することをせずに生きている人が大半だと思います。

みなさん、ここでちょっとそれを作成してみませんか？ きっと判断軸が明確になって、「ああ、自分はこんな判断を下す人間なんだ」とわかったら、よりよい判断ができ、より後悔しない大学生活が送れることと思います。

ここでやってみよう！ 判断軸作成ワーク

❶ 軸が１つなのか、２つなのか、３つなのか考える。

❷ 軸の候補の中から、自分に合っているものを選び、その軸に当てはめてみる。

❸ 実際に大学生活を想像して、その軸で部活やサークルを選んだ自分を想像する。

❹ ❸がもししっくりこなければ、❶に戻って軸の数を変えるか、❷で軸を変えてみる。もし可能なら、❷の軸を新しく作ってみる。あとは、❷〜❹を繰り返してみましょう。

さて、軸の例をここで整理しておきます。

- かっこいいかかっこ悪いか：自分の行動が、後から見たときに自分の美学に合っているのかどうか？
- 自分らしいか自分らしくないか：他の誰でもない、自分の行動として正しいかどうか？
- 誰かのためになるか自分だけのためか：自分だけでなく、他の誰かのことを考えて行動できているかどうか？
- お金になるかどうか：お金を得られるかどうか？
- 面白いかどうか：自分の中で面白いと思える行為かどうか？
- 正しいか間違っているか：世間一般的な基準に当てはめて合っているかどうか。

● 快か不快か：自分の快楽につながるかどうか？

ほかにも、

● 自分が子どもをもうけたときに、その選択を親として誇れる形で説明できるか？

● 自分の葬式が行われたときに、その葬式に出席している人たちが自分のことについて思いを馳せてくれるかどうか？

……こんな感じでしょうか。いろんな軸がありますね。

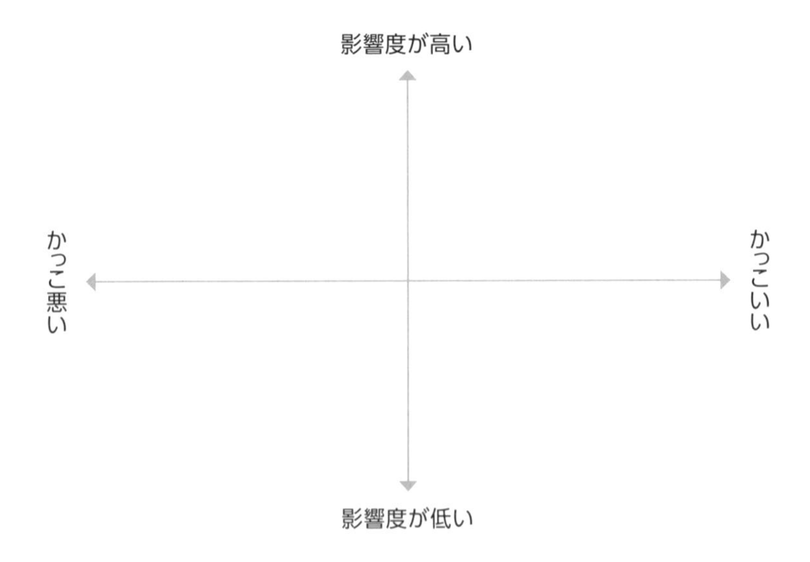

たとえばこんな感じで、２つの軸があるのも問題ないですし、１つの軸であっても大丈夫です。４つ以上だと頭が整理しきれなくなってしまう場合があるので推奨しませんが、３つまでなら大丈夫かと思います。いやむしろ４つもあると、きっと重なる軸が生まれてしまうはずです。「人に迷惑をかけていないかどうか」という軸と「誰かのためになるか自分だけのためか」という軸があったときに、「他

人に対してプラスな影響かマイナスな影響か」というように軸を統合できます。このように、軸の重なりがあったら１つにまとめる努力をしていくことをお勧めします。

そして、どんな軸であっても、自分自身が納得できる軸なのであれば、正しいと思います。この判断軸が自分の中で整理されている状態で生きていれば、必ず後悔しません。なぜならそれこそが、自分の価値観に他ならないからです。しっかりこれが意識できているのなら、自分が正しいと思える道を進めるはずです。この価値観の軸をしっかり持てている人は、先ほどの「格言ワーク」を確認してもらうと、自分が心を打たれた理由が明確になっているはずです。「そうか、自分は他の人のためになりたいんだ。だから主人公が友達のためを思って語ったこの言葉が好きなんだな」という感じで、何か新しいものが見えてくることがあるはずです。

そして大学生活では必ず、この軸を意識しつつも「本当にこの軸で後悔しないのか？」を問い続けることをお勧めします。自分がどういう人間なのかは、何度も言いますが「過去」から生まれます。もう変えられない過去からこそ、未来の軸が見えてきます。大学時代というのは、みなさんにとっては未来かもしれませんが、社会人になったら過去になっていくものです。その過去の自分に、自分の価値観を探すために考え抜いていた時間があったとしたら、それは生きる上できっと何にも代えることができない確固たる自分の信念になっていくはずです。頑張ってください！

Part.5

社会人デビューに向けて準備していこう!

大学生の向こう側に存在する社会人。
“準大人”から社会人という“大人”になるために、
みなさんに知ってもらいたいのが「キャリアデザイン」。
自分のキャリアを自分で主体的に設計する方法や目的について、
この最終章でお話しします。

執筆：中山芳一、町田尚史、坂入信也

1 あなた自身のキャリアをデザインする

① あらためて「キャリア」について考えよう

みなさんは、大学生になる以前も「キャリア教育」というものを学校の授業等で受けてきているはずです。そこでは、みなさんの「夢」について考えてみたり、職業体験をしてみたりと、まさに社会人（大人）になることを意識づけるような内容が多かったのではないでしょうか？

また、学校によっては「キャリア」という意味をさらに広くとらえて、総合的な学習や探究学習などを通じて、より一層全人的（非認知的）な能力を獲得・向上できる体験を提供してくれるところもあったかもしれません。

この「キャリア（career)」ですが、ラテン語の「cuarrus（乗り物の通り道＝轍（わだち））」が語源となっています。私たちそれぞれのキャリアとは、これまでの経歴という轍であるとともに、これから目指していく未来への轍という意味が込められていると思われます。また、先人たちが築いてきた歴史という轍とともに、私たちは自らも轍の作り手になっていけたらよいですよね。そのためにもキャリア教育は必要であり、必ずしも「キャリア＝職業」ではありません。Part.1の25ページで紹介した図を、今一度ご覧ください。

25ページの図「『キャリア』には２つの意味がある」ように、広義のキャリアは人生や生き方を意味し、狭義のキャリアとして職業や職歴が位置づけられています。したがって、Life CareerがWork Careerを包括する関係性になっているのです。言い換えれば、自分が目指す生き方を実現するための手段として職業があるという考え方になります。みなさんが、Part.5に至るまでに学ばれてきたことで、このLife Careerへ帰結していくイメージを抱いていただけたでしょうか？

② 大学時代の経験からキャリアデザインへ

よく大学生活は「人生の夏休み」と揶揄（やゆ）されることがあります。次の表をご覧ください。

表1：授業のない日数の概算

項目	日数
春休み	60日
夏休み	45日
冬休み	15日
ゴールデンウィーク	5日
長期休暇期間以外の週末	65日
合計	190日

この表は、一般的な大学生の授業のない日数を概算で算出した表です。たしかに1年間の半分以上も授業のない日になっています。個々の学生の授業の履修状況によっては、さらにこの日数が増えていくことになるでしょう。たしかに、この日数を見るだけでも、人生の夏休みにふさわしい期間です。しかし、これは授業だけでなく授業のない時間も含めて、それぞれの学生が自分なりのキャリアデザインができる期間ともいえるわけです。高校生のころまでは、多くの時間で共通の授業を受け、そこに独自の経験ができる時間はわずかでした（例外は除きます)。大学生になれば、授業と独自の経験ができる時間とのバランスが一気に変わり、独自の経験のウェイトが大きくなるのです。したがって、大学の授業に対する臨み方と独自の経験ができる時間の過ごし方とで、個々の大学生は十人十色のキャリアデザインがかなうわけです。

もう少し平易な言い方をすれば、子どものころに夏休みをダラダラと過ごした後の2学期以降が大変だったように、授業のない時間を閉塞的かつ怠惰に過ごせば過ごすほど、豊かなキャリアデザインは困難になるでしょう。逆に、自ら選んだ独自の経験を蓄積すればするほど、豊かなキャリアデザインがかなうことになるのです。

ただし、ここで気をつけておきたいことは、あくまでも「体験」ではなく「経験」であることです。みなさんの学生生活は、授業はもとより部活動やサークル活動、留学やインターンシップ、アルバイトやボランティア、さらには起業などなど……多様な活動が広がっています。これらに対して広く浅く取り組む場合もあれば、狭く深く取り組む場合もあるでしょう。一人ひとりの取り組み方は様々でよいのですが、取り組みっぱなし（体験どまり）の状態にならないように注意したいですね。

次の図のように、様々な体験から得た気づきや心動かされたことを確かめていく過程で、自らの中へ内面化されて経験へと変わります。そして、その経験を教訓にしていくことで、私たちは学ぶことができ、様々な能力の獲得・向上や人格形成を可能にするのです。

もし、「あなたが学生時代に力を入れたことは何ですか？」や、「その学生時代に力を入れたことで何を学びましたか？」などとたずねられたとき、体験を経験や学びに変えている人ほど言葉にできることでしょう。これは、社会人になればますます求められることでもあります。

図6: 体験を経験と学びに変える

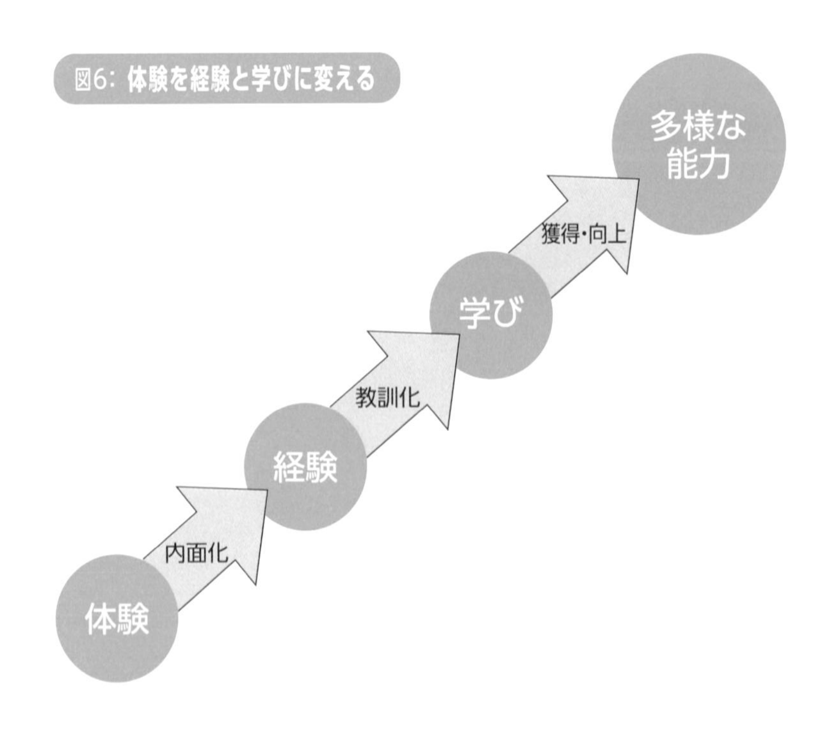

③ 社会人の先輩からのアドバイス

さて、これまでの内容を踏まえて、具体例としてみなさんと年代的にもきっと近い20代の社会人の方からアドバイスをいただきましたので紹介しましょう。

社会人の先輩　修行（しゅぎょう）啓輔 さん

愛知県出身、現在26歳、岡山県に本社がある菅公学生服株式会社に在職中。入社してから新規大卒採用担当として採用に関わる業務がメイン。その中で年間約2000名の学生と合同企業説明会や単独企業説明会、面接等を行っている。

アドバイス① 大学での経験は活きる！

まずは、みなさんに質問をさせてください。みなさんは「社会で役に立ちたい」と思っていますか？

それでは、みなさんにとって「社会で役に立つ」とはどのようなことを表しているのでしょうか。

私にとっての「社会で役に立つ」とは①お金を稼ぐこと　②誰かの不安や不満を解消することを表しています。「稼ぎと務めを果たす」とも言い換えることができると思います。「稼ぎ」とは自分が生活するために必要な金銭を得ること、そして「務め」とは共同体を維持するための仕事、いわば社会貢献のことを表しています。

そしてこの「稼ぎ」と「務め」の両方に「大学での経験は活きる」と私は確信を持って言えます。そこで大学生活での経験を社会で活かすために戦略的に経験値を増やしてほしいと考えています。なぜ私は「大学での経験は活きる」と言えるのでしょうか。ここからは自分自身の経験も踏まえてお話ができればと考えております。

理由は大学生活では「稼ぎ」と「務め」の両方を経験することのできる環境がそろっているからです。

大学生になると多くの方々が少人数制の講義を受ける機会があります。そうすると大小こそあっても、そのグループ内での役割が発生します。そのグループ内で自分の立ち位置を確保するためにやらなければならないことをしますよね。それが「務め」です。バックボーンがそれぞれ異なる中でスムーズに授業が進むように話しかけたり、一緒にご飯を食べたりする、その行動こそが社会で役に立つために必要な１つの要素です。それに加えて大学生になると多くの方々がアルバイトを始めますね。これがまさに「稼ぎ」です。働いた分すべてが支給されるのではなく一定の金額は所得税として国に納めることになります。「務め」は小中高時代にもしていたかもしれませんが、「稼ぎ」は時間のある大学生時代にこそ経験できることです。みなさんのメインはあくまで勉学ですから「稼ぎ」と「務め」を経験することは生活のごく一部かもしれませんが、社会人もその時間が長くなるというだけで本質的には変わりません。

また先ほど「大学生活での経験を社会で活かすために戦略的に経験値を増やしてほしい」とも述べました。なぜかというと、大学での学びと社会人としてやりたいことの共通点の多さは、みなさんの大切なキャリア第１歩目を踏み出すときに非常に重要だからです。

アドバイス② 理系学生も文系学生も共通して修得しておくべき学問とは？

それでは「社会で役に立つ」人材になるために大学時代に学んでおくべき学問はどのようなものなのでしょうか。結論から言うと、そのような学問はありません。というのも、どの学問を学べば一生安泰と考えることは今現在の変化の著しい社会では非常にナンセンスだと思います。16ページで触れたSociety5.0を思い出してみてください。Society5.0とは、狩猟社会（Society 1.0）、農耕社会（Society 2.0）、工業社会（Society 3.0）、情報社会（Society 4.0）に続く、新たな社会のことを指します。これは、第５期科学技術基本計画（2016年度から2020年度）で日本が目指すべき未来社会の姿として初めて提唱されたものです。現在はネット環境が当たり前になり、産業や技術の発展のスピードが急速に上がり、それによって我々の生活スタイルまでも少し前には想像もできなかったことが現実となっています。未来の予測なんてとても困難です。どんな知識が重宝されるのかも時代によって変わり続け、その変化のスピードもどんどん上がっています。

では、こういった世の中では一体何を学ぶべきなのでしょうか？それは、新しいことを勉強することをためらわないこと、そして学び続けることしかありません。そのためには、自分の世界を限定しないでいろんなことに興味を持ってやってみることしかありません。

突然私自身の話を差し込んでしまい恐縮ですが、私は母から高校進学時には「良い高校へ行きなさい」と言われ、大学進学時には「良い大学に行きなさい」と言われながら育ちました。大切な我が子だからこその言葉だろうと思いますし、どの時代の親も我が子に対してはそう言いたくなるんだろうと思います。けれど私の母が言った「良い学校」の「良い」とはどういった意味なのでしょうか。おそらく偏差値が高い学校という意味で使っていたんだろうと思います。ですが、実際に社会に出て偏差値が問われる場面に私は出会ったことがありませんし、先ほども言った通り、その考え方は勉学における偏差値が高いことがそのまま将来ずっと役に立つことを前提としたもので数年経てば意味を成さなくなる可能性は十分にあります。つまり時代によって「良い」の定義は変わるということです。誰だって何か新しいことをするときは怖いものです。みなさんが近い将来、家庭を持てばリスクを考える必要もありますから尚更です。でもそれを怖がっていたらそれまでの自分のやり方や得意分野にすがって変化を拒まざるを得なくなり、そして若い世代から“老害”と言われ疎まれるようになってしまうかもしれないでしょう。

また、それが将来直接役に立つか立たないかなどはあまり関係ありません。何しろ大学で学んでいることが今後役に立つかどうかなんて誰にもわからないからです。それでも文学、歴史、音楽、芸術などを勉強することであなたの人間としての幅が広がれば広がるほど、“専門分野（大学で少し学ぶくらいのものですが）”の周辺の知識が広がるほど、それは確実に人とのコミュニケーションに活きてきます。どんな世の中になったとしても、仕事では異なる経験を持つ人たちとコミュニケーションを取りながらものやサービスを考えるのですから。

大学生活を通じて新しいことを進んで勉強する習慣を身につけてください。人にお勧めを聞くのではなく、自分自身が正直にやりたいことをやってみてください。興味があることを掘り下げてみてください。それまでになかったような新しいことがビジネスに成り得る今日では、経験の一貫性よりも柔軟に対応できる能力や幅の広い経験の方が役に立ちますし、年齢に関係なく必要なことをその都度素早く学べることも重要です。そこでは大学受験勉強であなたが不得意科目を嫌々学んだことも必ず役に立つと思います。

ここまでの話をまとめると、全員が修得しておくべき学問はありません。大学という場所は自分がこれまで知らなかった学問を学べる機会や学んでいる人と話をする機会に恵まれています。大学生活を通じて新しいことを進んで勉強する癖をつけてください。それが結果的にご自身のために、ひいては社会で役に立つ人材になるための近道であると私は信じています。

アドバイス③ 社会人として語る！ 社会人になるとは？

社会人経験４年目の一人の社会人として「社会人になる」とはどういうことを意味するのかをお伝えしたいと思います。

社会人になるとは「誰かのために生きること」であると私は考え

ています。なぜなら仕事の本質は「誰かが困っていることを解決すること」だからです。

1つ、私自身の最近の経験を挙げます。みなさんもご存知の通り、2020年2月下旬ごろから新型コロナウイルス感染症の拡大に際して、多くの企業が苦難を強いられました。特に影響が大きかったのは私のメイン業務でもある採用市場です。なぜなら新規大卒採用・就職活動は3月に情報解禁されるからです。ほとんどの合同企業説明会の開催が取り止めとなりました。多くの企業が自社を学生に知ってもらえる機会がないという「お困りごと」が生まれた状況でした。そこで普段から接点のある他企業の採用担当者さんにお声掛けをし、人材会社を通さない企業同士で共同開催・運営の合同企業説明会を開催しました。初めての開催ということもあり、ご迷惑をおかけしたところもありますが、結果的に約300名の就職活動生に参加していただくことができました。また、参加いただいた企業からは出展料をいただきました。

上記は非常にシンプルな内容ですが、仕事の本質はまさにここに現れていると私は思います。自分たちがやりたいことをやるだけ（たとえばテレビ会議システムを利用して単独企業説明会を実施する）であれば、お金は出ていくばかりです。その一方で周囲の方々が困っていることに着目して解決のために行動を起こすことでお金をいただくことができました。

社会人は自分の、そして同僚の生活を支えるためにもお金を稼がなければいけません。お金を稼ぐためには相手の困っていることを解決しなければなりません。相手の困っていることを見つけるためには相手起点で物事を考える習慣が必要です。

私は普段、採用業務において多くの学生のみなさんとお話しする機会をいただきます。インターンシップや面接等の機会でお話をしていただいていて思うことは、多くの方々が自分自身に視線が向いているということです。「自分はコミュニケーション能力が高いから誰とでも仲良くなれる」や「数字に強いからデータ分析をしたい」など。自分の能力に自信を持っていること自体は素晴らしいことですが、自分の強みというのは自分の特徴とそれを活かす文脈がセットになって初めて発揮されるものであることに気づく必要があります。コミュニケーションとは本来「分かち合うこと、共有すること」を表す言葉ですから、自分一人ではコミュニケーションは成り立ちませんよね。必ず相手がいて、やっと発揮できる能力です。自分が持っている能力、持っていない能力に執着するのではなく、周りの人が何に困っているのか、何を求めているのかという相手起点で物事をとらえることを意識してみてほしいと思います。

上記のような採用イベントの企画運営や就職活動生との会話といった経験を踏まえて、社会人になるとは「誰かのために生きること」であると私は考えています。なぜなら仕事の本質は「誰かが困っていることを解決すること」だからです。お金を稼ぐためには誰かの困っていることを解決する必要があり、誰かの困っていることを解決するためには相手起点で物事を考え抜く必要があります。だからこそ社会人とは「誰かのために生きること」なんだと思います。

アドバイス④ たった1つだけ大事なことを伝えるとするなら

ここまでで大学ではどのようなことを学ぶべきなのかをお話ししてきました。私がみなさんにお伝えしたかったことはただ1つです。「相手起点で物事をとらえ、積極的に行動をしてください！」たったこれだけです。

私は自分自身の大学生活を振り返ったとき、後悔が1つあります。それは「もっと行動すればよかった」ということです。誤解を恐れずにその理由を言うと、大学生とは「何をしても許される存在だから」です。私自身の経験を振り返ると、ある程度充実したキャンパスライフを過ごせたと思います。小さな大学でしたが多くの友人にも恵まれましたし、自分が当時学びたいと思った学問はすべて学ぶことができました。学外のボランティア活動にも積極的に参加していたと思います。ただ行動するときにはいつも「周りと同じように行動して叱られなければオッケー」くらいにとらえていました。たった1つのミスが命取りにもなりかねない社会人になればそのような考えが必要になることもあります。ただ大学生は違います。どれだけ大きな失敗をしたって大抵の場合、周囲は「大学生だから」で済ませてくれます。これはすべての大学生に与えられた特権です。失敗して恥ずかしいという自分の羞恥心だって、今はSNSで失敗談を話して友人から共感され、「いいね」をもらうなど昇華する方法はいくらでもあります。だからこそです。大学生には行動をしてほしいと心から願っています。

2 大学生としての倫理と貢献を

① 働く、そして生きていく上で大切な概念「倫理と貢献」

カール・グスタフ・ユング（Carl Gustav Jung）、ジークムント・フロイト（Sigmund Freud）と並ぶ20世紀の著名な心理学者アルフレッド・アドラー（Alfred Adler）は、その著作『人生の意味の心理学』の中で「われわれのまわりには他者がいる。そしてわれわれは他者と結びついて生きている。人間は、個人としては弱く限界があるので、一人では自分の目標を達成することはできない。もしも一人で生き、問題に一人で対処しようとすれば、滅びてしまうだろう。自分自身の生を続けることもできないし、人類の生も続けることはできないだろう。そこで人は、弱さ、欠点、限界のために、いつも他者と結びついているのである。自分自身の幸福と人類の幸福のためにもっとも貢献するのは共同体感覚である。」と述べています。アドラーの著作を引用するまでもなく、私たちは１人で社会生活を営むことは不可能です。家や車はもちろん、米や小麦、野菜まで現代社会では分業化された生産の中で、多くの人々は他者が生産した食品を口にし、他者が生産した商品を使用します。

つまり我々の人生と生活は「他者に貢献し、他者から貢献を受ける」ことで成立しているのです。高校や大学、大学院での学びを修了した後、学生のみなさんはアカデミア、ノンアカデミアを問わず社会に入り就業すると思います。カリフォルニア大学バークレー校の調査によれば、2007年に生まれた日本人の寿命中位数は107歳であると推測されています。そのため日本では少子高齢化や医療の拡充により、75歳程度まで就業が求められる社会になると考えられます。学びの修了後約50年の中で３分の１以上の時間を労働に費やすと考えた際に、働くとは、そして生きるとは自分以外の「他者に貢献」することに他なりません。

たとえば社会科学を学ばれる学生の方は、今後講義などで民間企業の社会における貢献について学ぶ機会も多いと思いますが、自然科学系を専攻される方々の中には、【利潤の最大化】をミッションとする企業活動は、単なる利益至上主義として、疑問を抱く方も少なくありません。しかし企業活動の最大の貢献は、「納税の最大化」です。「納税額の最大化活動」ともいうべき企業活動は、法人税などが、先進諸国では最も高いといわれる日本では、経常利益の30％を超える額となります（日本の2019年度の実効税率は30.62％）。2019年度でいえば、自動車メーカーであるトヨタ自動車は6599億円、通信会社のNTTは5332億円、資源開発企業の国際石油開発帝石は3973億円、携帯電話事業などを行うNTTドコモは3378億円、メガバンクの三井住友FGは3314億円を１年間で納税しています。つまり企業は「利潤の最大化」を目指す中で、【納税額の最大化】を目指して社会に高い貢献をしているのです（この数字は2019年度における法人税や法人住民税などの納税額のみです。固定資産税や消費税、自動車税など、経費として計上される税金は含まれません。また労使折半で負担する社会保険や年金についても考慮されていません)。

一方で社会貢献としての「利潤の最大化」を目指す中で、企業「倫理」が問われ、糾弾を受けたり、究極的には倒産という形で、社会から消えた企業も少なくありません。「倫理」とは一般的には「人として守り行うべき道。善悪・正邪の判断において普遍的な規準となるもの」という定義がなされています。社会貢献として「利潤の最大化＝納税額の最大化」を目指す中で、利潤の最大化を目指すためには、ある程度ならば人倫を踏み外してもよい、と考えることは誤りなのです。もしそのような考えが「是」とされるならば、「少しくらい成分表示と異なる原材料を調合しても問題ない」や「不良品率が５～10％程度ならば、商品として出荷すべきである」、「不純物が少しくらい混じっていても、健康被害がなければ生産して問題はない」、「法律で定められている手順を幾分順守しなくても、コストダウンなど企業が必要と考えるならば問題はない」というような考えが、「是」とされます。そのような概念を許容する企業が社会に存在すべきでしょうか？ もしくは存立し得るでしょうか？ その答えは「否」なのです。

たとえば2017年、自動車のエアバッグで世界３強の１角を占めていた日本のタカタ株式会社が不正な商品を製造し、その隠ぺいを図る中で１兆円の巨額な負債を抱えて倒産したことにも表れています。また、かつて米国の巨大企業エンロンの破産や、排ガス規制など環境問題に十分に対処しなかった大手自動車メーカーであるGMの米連邦破産法11条（日本の民事再生法に相当）適用に至る経緯なども同様の概念であると考えられます。

利潤の最大化を目指す企業活動は人類社会に対する多大なる「貢献」を及ぼしていますが、その活動において、「人として守り行うべき道。善悪・正邪の判断において普遍的な規準となるもの」という倫理概念が順守されない場合は、「悪」として「貢献」とは見なされず、社会活動・経済活動を行う資格なしと社会から認定され、存在が否定されて破綻に至ることもあり得るのです。

このように「倫理と貢献」という概念は、表裏一体をなす概念です。みなさんがもし食品会社に勤務し、上司が過剰在庫の管理のために「商品の賞味期限を延長させたシールに貼り替えなさい」と指示されたなら、あなたはどう行動しますか？ また自動車メーカーで「同業他社はガソリン1L当たり32km走行するのに、我が社は28kmの性能であるが、これでは負けてしまうので、データを書き換えなさい」と上司から指示されたとき、あなたはどう対処するでしょうか？ 倫理と貢献は、実は常に身近にある重要な社会規範・概念なのです。

② 自然科学における倫理と貢献

この倫理と貢献に関し、たとえば生命科学の分野で大きな議論が起きています。2018年11月、中国・南方科技大学の賀建奎（フージェンフイ）准教授がゲノム編集により双子の子どもである「ルル（Lulu）」と「ナナ（Nana）」を誕生させました。これが事実であった場合、人間のゲノム編集について定められた厳格な規則に違反していることになります。賀建奎准教授はHIV陽性の父親とHIV陰性の母親という組み合わせのカップルが自主的に研究に参加したとして、その「貢献性」を強く主張しています。

次世代に影響を及ぼさない体細胞に対するゲノム編集技術は、治療法の確立されていない疾患にとって、画期的な治療法の基盤技術として期待されていますが、次世代へ引き継がれる生殖細胞や胚におけるゲノム編集は、生まれてきた生体に関して、子孫まで長く影響を及ぼすために、厳格な規則が設けられています。

倫理と貢献というテーマで考慮した際に、HIV陽性の父親はゲノム編集により、HIVに感染していない子どもを持つことができるという点では当事者には「貢献」ですが、作為的に人間を「造る」という点では、「倫理」の観点から問題があると言わざるを得ません。このようなデザイナーズベイビーといわれる存在は、最初は病原を遺伝させないためという目的であるかもしれませんが、たとえば将来は「兵士に適性のある頑強な肉体を保有した人間を大量生産する」ことに使用される可能性があるのです。

まさにSF映画の世界なのですが、技術的にはすでに可能であることは「ルル（Lulu）」と「ナナ（Nana）」の誕生でも明らかです。これは今後AI（人工知能）をどのように社会の中で有効に、しかし制御可能な状態で導入していくかなどの課題においても同様ですが、技術の進歩の中で「倫理と貢献」においてどのようにバランスをとるべきかがまさに問われています。

③ 社会科学における倫理と貢献

日本国内のESG投信の発行残高は2020年９月末現在6,000億円を超えたとの報道がなされました（日本経済新聞2020年10月７日）。ESGとは環境（Environment）・社会（Social）・ガバナンス（Governance）を指し、経済産業省によれば、【ESG投資は、従来の財務情報だけでなく、環境・社会・ガバナンス要素も考慮した投資のことを指し、特に、年金基金など大きな資産を超長期で運用する機関投資家を中心に、企業経営のサステナビリティを評価するという概念が普及し、気候変動などを念頭においた長期的なリスクマネジメントや、企業の新たな収益創出の機会（オポチュニティ）を評価するベンチマークとして、国連持続可能な開発目標（SDGs／Sustainable Development Goalsの略称）と合わせて注目されている。】との指摘がなされています。

そのため我が国においても、投資にESGの視点を組み入れることなどを原則として掲げる国連責任投資原則（PRI）に、日本の年金積立金管理運用独立行政法人（GPIF）が2015年に署名したことを受け、ESG投資が広がっています。

この概念を受けて2001年策定のミレニアム開発目標（MDGs）の後継として、2015年９月の国連サミットで「持続可能な開発のための2030アジェンダ」が採択され記載された、2016年から2030年までに達成すべき17の国際目標がSDGsです。

SDGsについては正課として学ぶ高校も増加しているためすでにご存知の方が多いと思われますが、2030年までに持続可能でよりよい世界を目指す国際目標であり、17の目標・169のターゲットから構成され、地球上の「誰一人取り残さない（No one will be left behind)」ことを誓っています。SDGsは発展途上国のみならず、先進国自身が取り組むユニバーサル（普遍的）なものであり、日本としても積極的に取り組んでいます。

このESG投資やSDGsの概念も実はこれまで述べてきた「倫理と貢献」に関与しています。企業活動で得られた利益は、インフラの整備・産業支援・厚生・外交などとともに我々が享受している高等教育などにも有効投資されています。我が国はGDPで世界３位の経済先進国であり大学教育を含めて学びたい人は努力により、多くの場合学ぶことができますが、国富が豊かでない国では、教育を受けたくても受けることができません。その意味でも利潤の最大化を目的とする企業活動などは「貢献」という意味で極めて大きな社会貢献をしているのです。

しかしながら企業活動もグローバル化の中、そしてESG による統制を受ける中、たとえばSDGsの【３．すべての人に健康と福祉を】、【14．海の豊かさを守ろう】という目標を考えたとき、経済的に安価だからという理由でマイクロプラスチックの原因となるペットボトル飲料を提供し続ける企業が、今後の社会では３、及び14、に適合しないことは明らかです。納税の最大化のために「利潤の最大化」を目指すとはいえ、公共の福祉に「利することのない」企業活動は「倫理」に悖（もと）る活動として、株式価値の低減という形で、社会からそして世界からバッシングを受けることになるでしょう。

SDGsに関しては、「SDGs 推進研究大学」を標榜する大学も現れ、高校や大学などで様々な学習や研究が進展しています。前述したように、民間企業ではSDGsの達成に後ろ向きな企業は、ファンドに組み込まれず株価が低下し、企業経営そのものに不利益を与えるため、そのコミットが至上命題となっています。近年スターバックス コーヒー ジャパン社などの大手飲食チェーン各社がプラスチック製のストローなどを廃止したように、利便性や安価であること以上にSDGsに貢献すること＝同時代における倫理的に正しい企業活動が求められるようになってきたからなのです。

④ 私たちの務め

冒頭で述べた通り、アルフレッド・アドラー（Alfred Adler）がその著作において「そこで人は、弱さ、欠点、限界のために、いつも他者と結びついているのである。自分自身の幸福と人類の幸福のためにもっとも貢献するのは共同体感覚である。」と『共同体感覚』に言及し、共同体感覚を理解し他者への貢献ができれば、幸福でいられると説いています。

共同体感覚の意味するところは、仏教に由来する「利他の心」の意にも近く、米国における200年間の成功原則を『７つの習慣』という著作にまとめたスティーブン・R・コヴィー（Stephen Richards Covey）博士の「人格主義」にも通じる考え方です。このような、洋の東西を問わず他者への理解や貢献を「利他主義」に置くのは、「利己主義」に基づく概念と大きく対立する考え方なのです。

我々は、自らのキャリア開発を通じて人類の福利に貢献する技術革新や、新たなパラダイムの提示による社会貢献を行うとともに、人類を破滅させるような倫理の逸脱を見逃すことなく、正しい道を歩むために不断の努力を行い続ける義務があるといえます。

3 今、あなたが所属しているところは？

① 所属している大学を知る

みなさんが今、所属している大学はどんなところですか？

この問いに対して、みなさんならどのように答えますか。ときとして、人の評価に出身大学なんて関係ない、と言われる場合があります。もちろん、それぞれの国の文化や仕組みによっても異なりますが、実際に現在の日本の社会では、出身大学が個人の評価に影響を及ぼすことは大きいでしょう。たとえ本人が「私の評価に出身大学なんて関係ない！　私自身を見つめてほしい！」と声高に叫んだとしても、評価をするのはあくまでも周囲の他者です。そのため、他者が持つ情報やイメージに基づく評価を受け入れざるを得ません。つまり、個人と出身大学の評価は切り離すことのできない関係になってしまうのです。

それでは、いま所属している大学はどのように評価されていますか？　上述の問いに近づいてきました。ここで確かめておきたい点は、評価は決して大学受験時代の偏差値を指しているわけではないということです。偏差値の高い大学が、そのまま高い評価を得られるわけではありません。もちろん、偏差値が高い大学に入学するまでのプロセスは、間違いなく個人の評価にも関連づけられることでしょう。

しかし、社会での評価はもっと多様であり、偏差値や学力という枠組みだけでは収まりきらないわけです。だからこそ、大学でスポーツを活発にすることで、「このスポーツ（競技）なら○○大学！」という評価を得ることもできます。他にも、実習先で「△△大学の学生たちは礼儀正しく、一生懸命やってくれる！」という評価を得ることもあるでしょう。学生たちが世間の目に触れたとき、世間は「学生⇔大学」として評価する傾向にあるのです。

このように、多様な評価の中で、みなさんが所属する大学はどのように評価されているのかを考えてみましょう。その評価は、個人の評価につながるということも認識しておきながら……。

② 大学というブランド

みなさんは、ブランドというと何を思い浮かべますか？ カバンや時計、化粧品や靴などにはたくさんのブランドがあります。そして、「○○○○（ブランド名）の時計は、高級品で秒針が滑らかに動く」とか、「□□□□の靴は一つひとつが手作りで丈夫」など、このように一つひとつの商品とその商品を製造するブランドとは関連づけてしまいがちです。ちょうど、先ほどの個人は個人そのものではなく、個人が所属する大学の評価とも関連づけられるという件と似ています。

そもそも、人は単一のものを認識するとき、目の前のものだけを見るのではなく、そのものに付随する情報などを見ようとする傾向があります。下図のようなイメージです。

図7：人が何かを認識するときの傾向

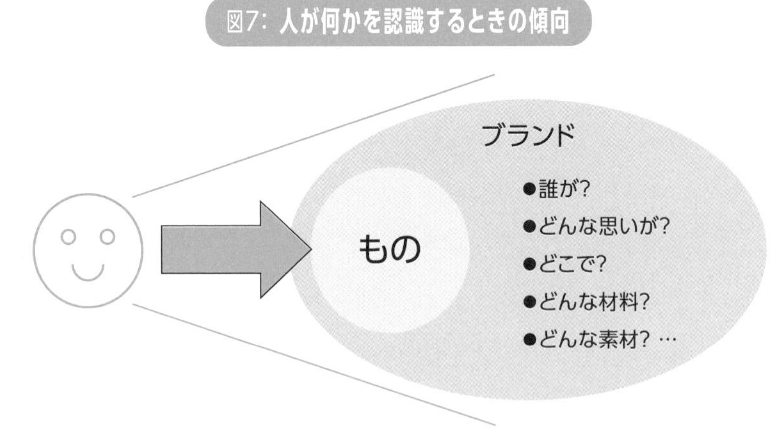

図のように、一見矢印のように「もの」だけを認識しているように見えますが、実はその「もの」がすでに持っている情報も含めて、総体的に認識しようという意識が働くのです。この情報とは、誰が作ったのか、どんな思いで作ったのか、どこで作られたのか……などによって構成されているといえます。そして、これらの情報も含めた総体として象徴的に認識されるのがブランドです。

ところで、ブランドとは一人だけが認識するだけでは、まだブランドとして確立しません。複数のブランド認識が集まって、より多くの人が「○○（もの）といえば△△（ブランド）だ！」となることで、ブランドは確かなものになっていくのです。

ここで、このブランドに対する考え方を大学に置き換えてみましょう。上述の通り、みなさん一人ひとりは個人として認識される中で、主たる情報として所属している大学を見られるでしょう。この所属こそが、個人を認識するためのとてもわかりやすい指標、つまりはブランドへと移行するわけです。大学とは、まさにみなさんにとってのブランドといっても過言ではありません。

③ 大学のブランドを知り、ブランドを作る

先ほどのように、大学をブランドといってしまえば、「偏差値の低い大学はどうすれば？」などの疑問が飛び交いそうです。ここでいうブランドとは、あくまでも偏差値はブランドを形成する１つにしかとらえていません。繰り返しになりますが、多様な視点で評価していくことが重要なのです。偏差値が低ければ大学としてのブランドがなくなるのではなく、偏差値以外に評価が得られることを見出し、それらをブランドとして築き上げていけばよいのです。ここまでブランドについて話を展開してきたのは、大学のブランドは放っておいて勝手に作られるものではありません。また、教職員だけが作るものでもありません。みなさんのような学生一人ひとりに作っていってもらいたいと強調したかったからです。

しかし、そのためには今、みなさんが所属する大学にどのようなブランドがあるのかを知っておく必要があります。平易にいえば、周囲からどのような評価をされているのか、どのような強みを持っているのかということです。そして、その周囲に根づいている大学の評価（ブランド）は、みなさん自身のブランドへつながります。特に、ブランドには双方向性があり、「時計といえば〇〇（ブランド名)」であると同時に「〇〇といえば時計」という関係性を作り

出すことでブランドは確立していきます。しかし、この双方向性は周囲の評価を待つだけでなく、所属する人たちから発信（PR）することも求められます。したがって、大学のブランドを知り、そのブランドを発信するのです。そうすることで、みなさん自身がブランドの一員になっていけるはずです。

また、所属する大学のブランドを知る上で、その大学の理念や精神を知っていくことも大切です。たとえば、「うちの大学は自由を重んじてなんにでも挑戦できるところだ！」と自身の大学の精神を誇らしげに語る学生がいるとします。その様子一つだけでも、この学生は所属する大学のブランドを理解しており、自分自身もそのブランドの一員になっていることが伝わってきます。それでは、みなさんの所属する大学の理念や精神はなんでしょうか？ とても表現しにくく抽象的な内容ではありますが、大学の理念や精神にまで目を向けることで、大学のブランドをさらに深く知ることができるでしょう。そして、もしみなさんが所属する大学に、「これだ！」という理念や精神がなかったとすれば、みなさんの手で作り出し、新しい歴史を築いていってほしいものです。

ブランドとは、個人を包括して象徴的に認識されるものです。だから、学生にとっては所属している大学こそがブランドを意味するものになります。そして、確かなブランドには双方向性があるとともに、突き詰めれば理念や精神にまで及ぶものだと述べました。そのため、みなさんは自分自身もブランドの一員として発信したり、理念や精神を継承するだけでなく、ときには自分たちで作り上げたりすることが大切です。さらに、ブランドを信頼へ変えていくための歴史の積み重ねが必要になります。たとえば、スポーツ競技でも１年の優勝だけで終わるのではなく、何度も優勝経験を重ねることで、「強豪校ブランド」として認識されるわけです。つまり、大学のブランドは、学生のみなさんの手で作られ、次の世代へと引き継がれる中で築き上げられていくものです。同時に、みなさんは卒業生になっても、社会の中で大学のブランドを発信し、築き上げていくことができるでしょう。

このように、大学のブランドは、歴史と現在、そして未来を通して築き上げられていきます。みなさんが大学に所属し、大学生活を過ごす以上はこのことを念頭に置いておきましょう。みなさんが、その大学に所属した事実を変えることはできないのです。だからこそ、そのブランドをなかったことにするのではなく、ブランドを築き上げる一員になっていきましょう。そのためにも、まずはみなさんの所属する大学のことを知っておく必要があるのです。

④ 大学を知るための観点

みなさんがＡ大学に進学したとします。Ａ大学が、苦しい受験勉強の末にやっと合格した第一志望であれば、「憧れのＡ大に合格できた！」と思えるでしょう。逆に、第一志望のＢ大学に合格できなかったため、すべり止めだったＡ大学への進学とすれば、「仕方ないけどＡ大しか行くとこないし……」と思うかもしれません。同じＡ大学でも大きく認識が異なるところです。特に、受験勉強というプロセスを経たのであれば、第一志望合格であれば勝ち組、第二志望以下であれば負け組、という認識さえ持ちかねません。そのため、第二志望以下の大学には進学せずに浪人するという選択肢もありますし、一度進学して仮面浪人を続け、第一志望の大学を目指すという選択肢もあります。

もちろん、これらの選択も否定はしませんが、これまでのプロセスにこだわりすぎないという選択肢もあるのです。つまり、最初から「こんな大学なんか……」と思うのではなく、偏差値や知名度では第一志望の大学の方が上だったかもしれないけど、この大学もまんざらではないと思うこともできるのではないでしょうか。このように後者の場合は、進学時のスタート時点で、勝ち組・負け組などと決めつけるのではなく、「Ｂ大学にない良さがＡ大学にはある！」という認識で進学することをお勧めします。

これまでのランク付けされた大学受験というプロセスにとらわれて、自身の所属する大学を否定するのではなく、肯定的な認識によって大学理解を進めていきたいものです。

⑤ 大学を理解するための5つの観点

さて、先ほど肯定的な認識で大学を理解すると述べましたが、どのように認識と理解を進めていけばよいのでしょうか？ 一括りに大学といっても、一度にとらえることのできない複雑さがあります。そこで、複雑なものは分けて考えていきましょう。つまり、大学を理解するために複数の観点を用意し、それぞれの観点ごとに大学を整理していけばよいのです。

これは、上述の大学のブランドに通じる考え方です。ブランドの件でも、大学の価値は多様にあることを強調したように、各観点における価値を見出すことが求められます。それでは、大学を理解するための５つの観点について次の図の通り提起しておきましょう。

図8: **大学を理解するための5つの観点**

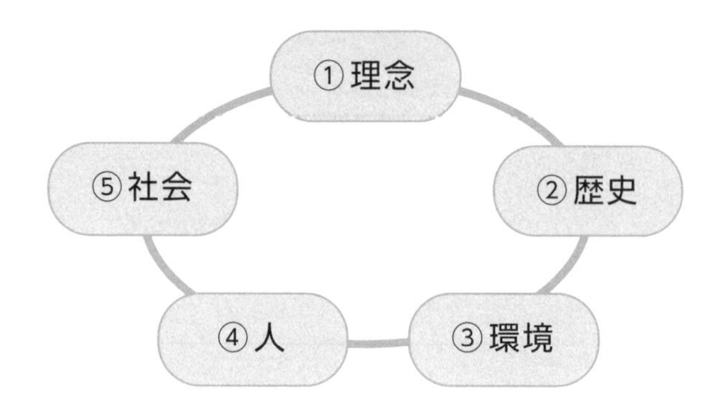

図のように、５つの観点として①理念、②歴史、③環境、④人、⑤社会を挙げてみました。みなさんは、これらのそれぞれの観点について所属している大学のことを知っていますか？ これから各観点の説明を加えておきますので、みなさん自身が所属する大学はどうなのかを考えてみてください。

① 理念

これは125ページでも述べました。多くの場合、それぞれの大学が設立されたときに掲げられるものです。特に、私立大学の場合は

「建学の精神」として理念を掲げている大学は少なくありません。この建学の精神は、当時の創設者が大学設立に向けた思いなどを反映しています。そして、この精神を受け継いできた先輩たちがいることやみなさん自身がこの精神を伝えていくことの大切さは、前述の通りです。

また、大学の基本理念を理解しておくということは、２つ目以降の観点で大学を理解するためにも重要です。現時点で知らない人は、ぜひ調べるところから始めてみましょう。

② 歴史

先ほど、多くの大学の理念は創設時に掲げられると述べました。それでは、みなさんの大学はいつ設立されたのかご存知ですか？ 大学が設立されて現在に至るまでの年数の中で、歴史は積み重ねられてきました。もちろんのことながら、年数が長ければ歴史はより一層積み重ねられていくでしょう。

しかし、歴史は単に年数だけを問題にしているわけではありません。量的な年数にかかわらず、質的な面にも目を向けてみましょう。たとえば、理念にも関わりますが、どのような思いで大学が創られ、どのような思いで大学が守られてきたのかを知ることも必要です。また、これまでの流れの中で、重要な節目となる時代ごとに大学はどうだったのかを知ることも必要です。他にも、大学によっては既存の学校がいくつか組み合わさった大学もあります。そのルーツを探ってみることも歴史の理解につながるでしょう。

③ 環境

これまでの２つの観点では、主に過去のことを紐解く作業が多かったかもしれません。３つ目の観点として、現在の大学がどのような環境にあるのか理解することをお勧めします。まずは、キャンパス全体の立地条件でしょうか。次に、講義室など日常的に学習する際の施設・設備や研究を進める上での研究施設・設備なども環境に入ります。さらに、クラブ活動などの正課外活動の施設・設備をはじめ学生のみなさんの取り組みを支えるための施設・設備も環境です。このように、みなさんの大学には様々な施設・設備があります。

みなさんは、大学がどのような立地条件なのか、どのような施設・設備を持っているのかを知っていますか？ そして、みなさんの大学にある環境的な利点を挙げることができますか？ 大学がどのような環境にあるのかを知っておけば、大学の特徴を理解できるだけでなく、大学を有効に活用することもできるでしょう。

④ 人

大学は規模の違いはあったにしても、たくさんの人たちが関わっています。現在、大学に通う学生はもちろんのことですが、卒業生や教職員など、立場の違いはあったにしても関わっている人がたくさんいることは間違いないでしょう。大学にとって一番の財産は「人」です。というのも、125ページのブランドにもあったように、大学のブランドを作ることができる最大の存在は「人」だからです。つまり、学生や卒業生や教職員といえます。

たとえば、メディアに取り上げられるような著名なＡさんが〇〇大学の卒業生（または現役大学生）だとします。そうであれば、やはり「〇〇大学といえばＡさん」となるわけです。Ａさんが〇〇大学の１つのブランドを作ることになりますし、〇〇大学に関係する他の人たちもＡさんのブランド作りから恩恵を受けることができます。

また、これは個人だけに限られるものではありません。部活動のスポーツチームのように、大学に所属する１つのチームがブランドをつくる場合もあるでしょう。そして、実習先やインターンシップ先などの評価は、学生や卒業生、教職員全体で得られることになります。

さて、それではみなさんの大学にはどんな人がいるか知っていますか？ 多くの人が知っている著名人はいますか？ また、１つの分野で突出した人はいますか？ いや、たとえそういう人たちがいなくとも、「〇〇大学といえば……」という人たちがいますか？ このような人たちを知っておくことは、みなさんの大学理解を進めるだけでなく、大学に対する誇りにもつながるのではないでしょうか。

⑤ 社会

５つ目の観点にあるのが「社会」です。つまり、みなさんの大学がどのように社会と接点を持っているのかです。これは、単に素晴らしい施設が大学にあることや、優れた研究者が大学にいるということではなく、この施設や人（たち）が社会に対してどのようにつながり、社会へ貢献できているかという評価から始まるでしょう。

たとえば、大学が有する施設や設備については、地域の人たちに愛着を持たれていたり、観光スポットになっていたりと学外の方たちに活用してもらえているかどうかを見ると、わかりやすい評価になります。それでは、人についてはどうでしょうか？ これは、教職員が取り組んでいる社会貢献もそうですが、学生のみなさんがどのような社会貢献をしているかも含まれます。みなさんは、学内にいる誰かの社会貢献活動を知るだけでなく、自分自身が取り組む社会貢献活動も紹介できるようになればよいと思います。

また、社会貢献といっても、都道府県や全国を視野に入れたもの、国境を越えた国際的なものがあります。一方、大学のある地域や市町村に向けたものもあります。重要な点は、規模が大きいものだけが社会貢献なのではなく、目の前にある地域の困りごとを学生のみなさんたちが一緒になって考え、行動することも社会貢献なのです。大学は何ができるのか、みなさん一人ひとりは何ができるのかを見つめ、社会から求められていることを解決すべく取り組む（＝社会貢献する）ことは何か、そして、今取り組んでいることは何かを調べてみましょう。

以上の５つの観点に基づいてみなさんが所属する大学の理解を進めてみましょう。次の表の該当する観点の項目にみなさんが調べた（またはすでに知っている）ことを書いてみましょう。

表2: **5つの観点から調べたみなさんの大学**

観点	みなさんの大学に関して知っていること・調べたこと
理念	
歴史	
環境	
人	
社会	

4 仕事・社会と向き合う

① あなたは、どのくらい職業を知っている？

さて、Part.5もいよいよ最後の節となりました。ここでは、これまで以上に社会人になる上で具体的な内容を進めていきます。そう！　職業、つまりWork Careerです。前述しましたが、私たちがそれぞれに望ましい人生や生き方を目指すための手段の１つが職業です。近年は、起業する学生やYouTuberなどのように、次々と多様な働き方が生まれてきています。

また、遊牧民になぞらえた「ノマドワーカー」のようにインターネットによってどこでも働けるような働き方も生まれてきました。2020年の新型コロナウイルス感染症によるコロナ禍は、ますますこのような動向に拍車をかけたともいえるでしょう。そのような中において、社会人になる上で、私たちがまずは知っておかなければならない一般的な職業について理解しておきましょう。

さて、職業といえば、家族や知人が就いている職業、買い物などの普段の生活で接する接客業、普段の生活で使う製品の製造や販売をイメージすることが多いのではないでしょうか？

職業調べや職業体験をしたことがある人、アルバイトなどで実際に働いている人もいるでしょう。しかし、みなさんが知っている職業はごく一部です。

また、将来は会社員か公務員になりたいと思っている人は少なくないと思いますが、どのくらいの企業や自治体、官公庁を知っていますか？　具体的な仕事内容はどのようなものでしょうか？　みなさんが知っている組織や仕事の内容はごく一部でしょう。

近い将来、進路選択の場面が来るまでに、それらを調べてあなたのやりたいことがどこにあるのか、あなたが最も活躍できそうな場所はどこにあるのかを探しておくことが必要です。

職業という言葉は、仕事の内容「職」と分野「業」とを組み合わせた言葉です。まずは「業」と「職」に分けて、どのようなものがあるのか考えていきましょう。

② まずは職業について調べてみよう！

産業は「日本標準産業分類」として農業、林業、漁業、鉱業、製造業、飲食サービス業、生活関連サービス業などに分類されています。文献やインターネットで確認してみてください。小分類や細目まで入れると膨大な数となり、すべてを把握することは困難ですので、まずは何に興味があり、関わっていきたいかを考えてみてください。

「自動車」に興味があれば、関連する産業にどのようなものがあるか調べてみましょう。自動車産業はもちろん、その素材となる鉄鋼や化学製品、電子機器などにも広がっていきます。航空機、鉄道などの別の乗り物や運輸に関わる仕事なども近いのかもしれません。

「食」にも農林漁業、食品工業、卸売業、小売業など、数多くの「業」

があります。新しい素材や製品の研究・開発をしたいのであれば、農業や漁業に関連する職業、食品工業などが中心となり、顧客に届けることに興味があれば、店舗を含めた卸売業や小売業が中心となります。

製品・サービスそのものでなく、「環境」などのキーワードを考えてみるのもよいでしょう。二酸化炭素に関わりが深そうな石油産

図9: サプライチェーンを構成する様々な仕事

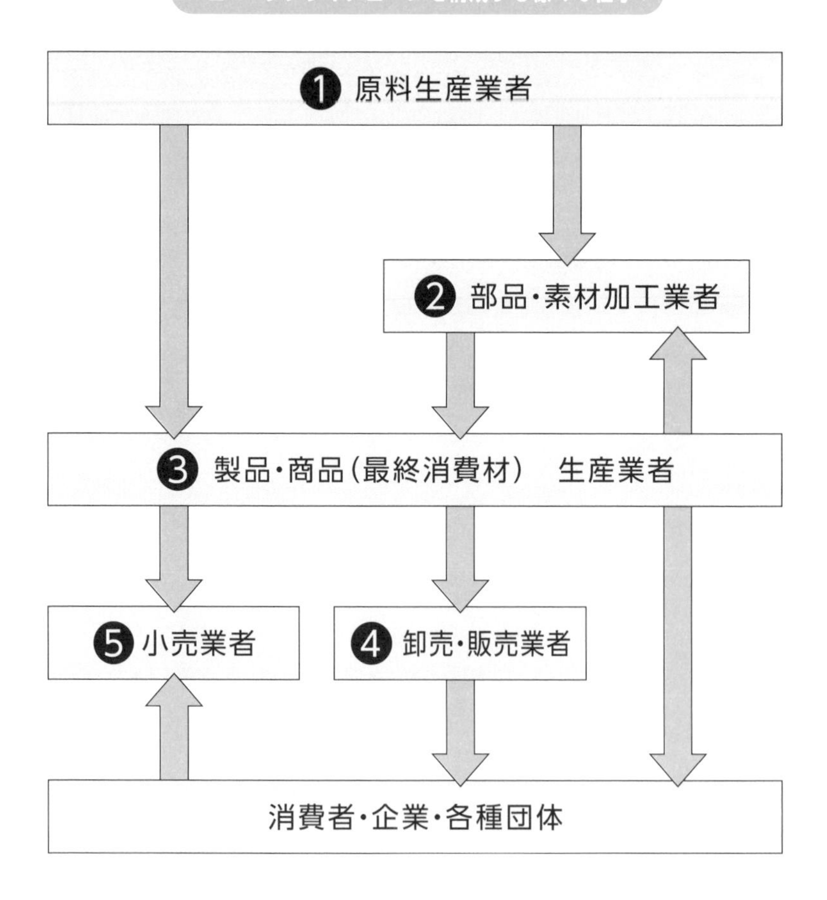

業や化学産業はもちろん、近年では多くの企業や自治体、官公庁が環境問題への取り組みを推し進めています。

あまり普段の生活ではなじみのなさそうな部分にも仕事はたくさんあります。製造業が強い日本では、生産用の機器、部品や素材などにも世界的な企業がたくさんあります。また、商社やシンクタンクなどは、言葉は知っていても実際に何をやっているのかはよく知らないのではないでしょうか。あなたが知らないところ、気づいていないところにも面白そうな仕事がたくさんあります。まずは、自分の興味ある製品・サービスやキーワードから、関連する組織や仕事の中味を調べてみましょう。そして、社会への興味・関心を高め、視野を広げていきましょう。

③業界を知ることで視野を広げられる

どの業界に興味を持つかは人それぞれです。○○が好きだからその業界に、○○の仕事は楽しそう、やりがいがありそう……と、日々のふとしたことから惹かれることもあれば、友人・知人の話を聞いたり、雑誌や就職活動向けの業界研究本を読んだりして、特定の業界に興味を持つこともあるでしょう。

きっかけはどのようなことでも構いませんが、就職活動の対象とするためには、そこから「自分はそこでどんな仕事をしてみたいのだろう？」とイメージを具体的に掘り下げ、さらに“やりたいこと”を中心にして視野を広げることが大切です。最初から特定企業のみが目標ではリスクがありますし、様々な角度から企業や仕事を見ることは面接対策の意味でも非常に有効です。

たとえば、学生時代スポーツに打ち込んでいて、「最先端の素材や技術を取り入れたスポーツウェアに興味があるので、スポーツ用品メーカーで商品企画の仕事がしたい」と考えたとします。しかし、そのような仕事に関わることができるのは、スポーツ用品メーカーだけではありません。素材メーカーが新素材を持ち込み、新製品を提案、共同開発することもありますし、商社や小売店からメーカーに企画を持ち込んで製品化することもあるでしょう。このように、ものやサービスの取引相手まで視野を広げてみると、漠然とイメージしていたことに対して実現可能な業界・企業が意外と多いことがつかめるはずです。そして、それぞれの企業からの視点で製品やサービスを見ることによって、本当に自分がやりたいのはなんなのかを具体化していくこともできるでしょう。

④ 総合職と一般職の違いってなに？

みなさんは、「総合職」と「一般職」との違いを知っていますか？まず「総合職」とは、古くから日本企業が行ってきた採用システムで、終身雇用を保証してもらう代わりに、原則として「何でもやってもらいます」「どこにでも行ってもらいます」ということを了承するものです。従来から日本企業は、特定の仕事に長く従事するのではなく、様々な職種や勤務地を経験させ、ゼネラリストを養成する傾向が強いことに加え、組織変更などが柔軟に行えるメリットを確保してきました。

もう１つの「一般職」とは、勤務地（地域）や職種がある程度の範囲で固定された採用コースで、企業により多少異なるものの、事務系職種で総合職の補佐的な仕事を行うことが大半です。職種や勤務地が固定される分、自宅から通うことができたり、帰宅時間が比較的早かったりなどのメリットがある反面、総合職と比較すると給与や手当がやや低く抑えられるというデメリットもあります。一般職採用に臨む場合は、自分がやってみたい仕事が一般職の対象でなければ意味がありません。

これらを踏まえた上で、「職種別採用」に注目しましょう。これは、文字通り職種別に採用枠を設け選考する方式です。昔から外資系企業は（欧米ではそれが当たり前なこともあり）職種別採用の比率が高いのですが、最近では、日本企業でも職種別採用が増えつつあります。

また、文系は総合職・一般職、理系は職種別採用という企業もありますし、入社３、４年後に（本人の希望も考慮し）必ず人事異動を行う、という企業もあります。

⑤ 世の中のいろいろな仕事について知っておこう！

企業によって組織は様々ですから、職種も多種多様ですが、どの業界のどの企業でも、共通して存在する仕事があります。社員採用・

教育研修や異動、昇給・福利厚生などを担当する「人事」、備品整備など業務を円滑に進めるために様々なサポート業務を行う「総務」、資金管理・運用や入出金処理、財務戦略立案などを行う「経理」「財務」、法律的な側面で各事業を支援する「法務」、IRなど企業全体の広報活動を担当する「広報」。これらの仕事は一般的に「スタッフ部門」と呼ばれており、企業により規模や内容に違いはあっても、本質的に共通する仕事であるため、一度経験を積めばどの企業に行っても仕事が応用できる、というメリットがあります。

一方、企業の中で事業活動の中心となるのが「ライン部門」です。中でも、実際に取引先と交渉を行う「営業」部門の占めるウェイトが大きく、商品の企画立案、広告宣伝なども広い意味では営業部門に含まれます。文系の学生の総合職採用の場合は、この営業部門への配属を想定するのが王道といえるでしょう。ただし、一口に営業といっても、業界や企業によって仕事の内容は千差万別ですから、企業のHPや就職情報サイトの先輩社員などの記事をよく読み、自分の希望に合う仕事なのかチェックが必要です。不特定多数の企業を訪問して商品を売り歩く典型的な営業職もあれば、特定のパートナー企業として手を組み、相手先の商品開発をサポートするような営業職もあります。その他、物流や資材調達などを担当するサプライチェーンの仕事も「ライン部門」にあたります。

また、技術や知識、情報を提供する仕事として「接客・サービス」「MR」「SE」などがあります。これらの仕事は、学生時代の専門をあまり問われないことが多く、入社してから教育研修を受け、ノウハウや技術を身につけることができるので、エキスパートとして将来的なチャンスが大きいのが特徴です。性別による格差もほとんどありません。保険・証券などの金融も同様ですが、企業によっては採用の対象となる専攻が限られる場合もありますので注意してください。

図10: 採用コースと職種

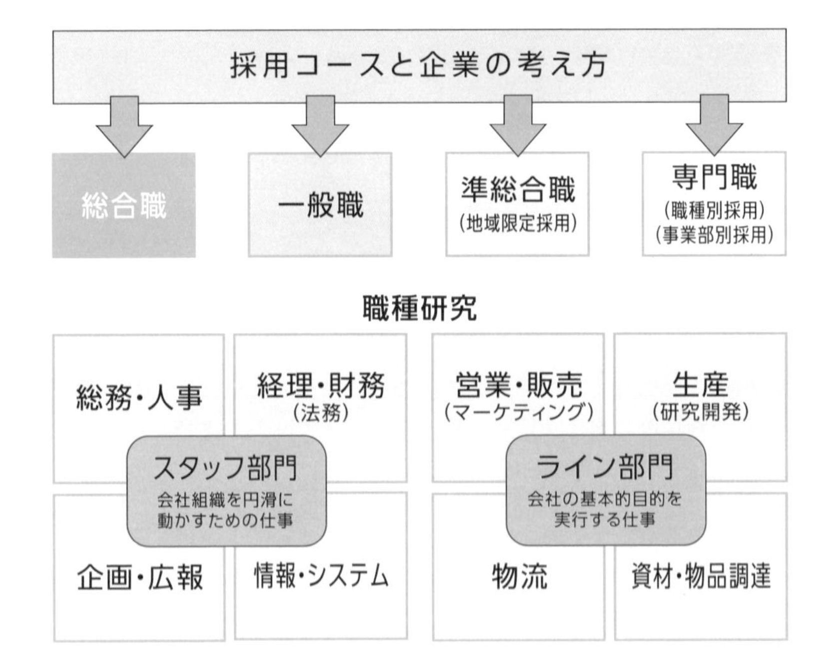

一方、理系の仕事は、一般的に研究部門や製品開発部門、生産部門となりますが、研究部門は専門性が高く少数精鋭となりますので、採用選考のハードルも高くなります。製品開発や生産部門についても、専攻によって採用対象になるかが異なります。理系の場合は、職種に加え、事業部門も絞って応募することもあります。基本的にはこの時点で仕事を自ら選ぶことになりますので、じっくり情報収集をして絞りましょう。

また、最近は営業や商品企画などの仕事も、理系の学生を求めているケースが少なくありませんので、最初はできるだけ幅広く仕事を研究するように心がけるとよいでしょう。

⑥就職活動について考える

入学したばかりのみなさんにとっては少し唐突に感じたかもしれません。確かに就職活動は数年先に行うことです。この章でも就職活動の方法の詳細やノウハウを伝えるわけではありません。

就職活動・対策といった言葉からは、試験を突破するためのノウハウを獲得するための一過性の活動や、一部の能力評価への対応と考えてしまう人が多いかもしれません。しかし、採用する側は、その時点の能力がどうかよりも、将来活躍できる人材かどうかを見極めようとしています。

将来の社会での活躍に向けて、そのためのヒントの１つとして、就職周辺の状況について知っておきましょう。

まずは「就職活動」というと、みなさんはどんなイメージが浮かびますか？ アルバイトをするために履歴書を書いたり、面接を受けたりしたことはあるかもしれませんが、パリッとスーツを着て真正面から企業を訪問することは、ほとんどの人は経験がないことでしょう。

日本では、３月に卒業してすぐ４月１日付けで入社する「新卒採用」が広く行われていますが、そのための選考は、卒業の１年以上前から始まっています。民間企業への大学生の就職活動は、３年生の年末から４年生の夏がピーク。３年生の３月中旬には、本格的に動き出し、エントリーシート（履歴書に類する書類）の提出や企業説明会、面接などが行われているのです。これほどの規模で、大学生の採用活動が一斉に行われるのは、世界的に見ても珍しいことですが、時間をかけて優秀な人材を見極めて確保したい企業と、様々な企業を訪問した上で就職先を選びたい学生の思惑がマッチするシステムともいえます。

さて、「新卒採用」というシステムとはどういうものなのでしょうか？

新卒採用は、「終身雇用」「年功序列」とともに長い間日本社会を支えてきた仕組みともいえるものです。企業は実務経験も専門知識も乏しい学生を採用し、長いスパンで人材を育て、企業力を向上させてきました。その結果として、世界的に見ても極めて低い離職率とともに、高い忠誠心を背景とした質の高い労働力確保を実現し、世界的な競争力を育んできたといっても過言ではありません。また、新卒採用の選考は「職務経験・能力ではなく、学力や人物評価などで学生の『潜在能力』を見て採用する」のが特徴です。理科系採用などの一部の例外はありますが、多くは大学で履修した学部や専攻に関係なくエントリーすることができるのも大きなポイントです。

一方、海外では、技能や経歴を積み上げ、キャリアアップを狙うのが一般的な就職活動です。そのために、大学在学中から積極的にインターンとして希望する世界に飛び込む、ということが日常的に行われています。

日本社会の中で初めての就職活動を行うみなさんは、新卒というカテゴリーの中で、すべての企業が自分の進路の対象となる「一生に１回の絶好のチャンス」を持っていることを強く認識してほしいのです。

日本企業の新卒採用は（欧米企業とは違って）、経験や能力だけではなくポテンシャル（潜在的な力）を見極めて採用します。したがって、企業が重要視することは大学で「何を学んだか（専攻したか）」ということ以上に、「４年間、自由にできる時間をどのように使う人間か」ということです。力を入れたことは勉強だという人もいれば、クラブやサークル活動、または大学外での活動に力を注いでいる学生もいるでしょう。そこで重要なことは、「何を」ということでなく、その行動を「なぜ選択したか」ということと、「どのように取り組み」「何を得たか」ということです。学生時代の行動そのものが、社会人としての「再現性」を強く予感させることとなるのです。

言い換えれば、「目的意識を持って行動できる人材」「行動したことから学ぶことができる人材」が、社会で活躍するためのポテンシャルが高い人材なのです。そしてそれは企業や自治体、官公庁などに就職する場合だけではなく、医師や弁護士、企業家など、専門的な力で仕事をする場合、独立して仕事をする場合も同様です。

⑦ 就職準備に有効なものはなに?

多くの民間企業の大学新卒者の採用活動は、３年次から４年次にかけて行われます。公務員の採用試験は４年次の前半、その他、国家試験のスケジュールは資格ごとに異なります。公務員や国家資格

①エントリーシート

文章での人物評価、履歴書の発展版。「大学時代に力を入れたこと」「あなたの強み」「会社の中でやりたいこと」などのテーマを中心に、300字～1000字程度で文章化する。近年ではインターネットでの書き込みが中心。

②筆記試験

数理能力、言語能力、一般常識などの基礎能力テスト。

③面接

若手社員、中堅社員、役員など2、3段階で行われることが多い。聞かれる内容は一定ではないが、上記エントリーシートの項目などが中心となる場合が多い。

④その他

グループディスカッション、プレゼンテーションなど。

の試験は１年以上前からの準備が必要になりますが、ここでは民間企業の大学新卒者採用の一般的な流れを中心に紹介します。

採用試験は概ね次のような要素で構成されています。

各工程を通じて対象者を絞り込んでいきますが、人気企業では希望者が数万人に上り、各工程ごとに半数以下に絞り込んでいくと考えておくべきでしょう。

筆記試験は基礎的な能力のチェックであり、出題内容の把握、問題集などに取り組んでおくことも必要ですが、長期での対策を必要とするものではありません。

エントリーシートや面接での評価基準は各社様々ですが、前述のようにポテンシャルを見極めようとしています。「目的意識を持って行動できる人材か」「行動したことから学ぶことができる人材か」といったことを中心に、それを証明できそうな事実、エピソードを確認しているのです。

取り組んだことや志望動機を題材として、あなたの物事への取り組みの姿勢や意識が確認されていきます。そしてそれらは短期的な対策や練習ではなく、普段の行動の積み重ねがあって初めてでき上がってくるものです。

また、グループディスカッションなどを通じて、グループの中で円滑な立ち振る舞いができるかどうかを確認される場合もあります。これも同様に十分な経験がなければ対応は難しいでしょう。

近年では、インターンシップなどを通じて、少し長い期間をかけた採用も多くの企業で取り入れられています。

このように、民間企業の採用試験では、特別な知識や技能だけではなく、普段の行動で積み上げられているものが重要視されます。公務員の試験についても、筆記試験については別途の対策が必要となるものの、面接などについては同様です。

普段の活動の中で目的意識を持った行動を心がけ、また行動した結果から何を学ぶことができたのか考えることを習慣化しておくことが必要です。言い換えれば大学生活の中でP（PLAN）D（DO）C（CHECK）A（ACT）が実践できているかどうかが問われているのです。

大学１年生のみなさんにとっては就職対策を急いでやらなければならないわけではありません。それよりも、目的意識を持った行動や、行動の結果から学ぶことを早い時期から意識し実践していくことが大切です。目的意識を持って、学問はもちろん、課外活動を含めた大学生活に前向きに積極的に取り組んでください。それが就職、そして将来の社会での活躍につながっていきます。

おわりに

「中学校よりも高校の方が楽しい。高校よりも大学の方が楽しい。そして、大学よりも社会人の方が、もっと楽しくなるよ」

僕はとある先生に、こんなふうに声をかけていただいた記憶があります。この言葉の意味が昔はわからなかったのですが、今ならわかるなと思います。大人になるにつれて、僕たちは「自由」というものをどんどん手にすることができる。中学よりも高校よりも大学よりも社会人、というようにどんどん裁量が増えていって、自分で自由に人生を描いて、お金を使って、人と付き合って、世の中に価値を発揮していくことができるようになっていく……そういう自由になっていく行程のことを、「大人になる」と表現するのではないでしょうか。

そしてその鍵を握っているのが、「主体的になる」ということなのだと思います。いくら自由になったとしても、自分から進んで何かをしたいと思わなければ、何も面白くありません。むしろ大人になるにつれて「こうした方がいい」というような他人からの指示が少なくなる分、何もできなくなってしまうという展開すら考えられます。

この本を通して伝えたかったのは、「楽しく人生を構築するためにはどうすればいいのか」ということだったのだと僕は思います。人生を楽しむために、大学ではどんなことをすればいいのか？ あるいは、大学生活という大きな転換期の中で、どんな楽しみ方をすれば、社会に出てからも楽しめるのか？ それが、一番伝えたかったことだと考えています。

この本に出てくる人たちは、みんな人生を楽しんでいました。寄稿してくれた大学生のみんなは大学生活をめいっぱい楽しんでいた人たちばかりでした。その取りまとめをしてくださった八島さんもそうですし、Part.5を執筆してくださった町田先生や坂入先生もそう。そしてなんと言っても「人生を本気で楽しんでいる人」筆頭の中山先生。そして僕。みなさん思い思いの楽しみ方をしていて、その思いこそが、この本を形作ったのではないかと僕は勝手に考えています。

そしてその思いが、この本を読んでいる大学生の方々にも伝わればいいなと、切に願っています。

みなさん、大学生活を、そして人生を、楽しみましょう。その楽しもうとする心が、きっと次の道を切り開く原動力になっていくはずです。

最後になりますが、この本の執筆にご協力いただいた大学生のみなさんと八島さん、町田先生、坂入先生、中山先生、日本ネクストキャリア協会の長田さん、竜崎さん、三ケ田さん、イラストレーターの楢崎さん、編集やデザインに携わられたみなさん、東京書籍の金井さん。そしてそして、この本を読んでくださった読者のみなさま、本当に、ありがとうございました！

またどこかでお会いしましょう！

2021年2月　西岡壱誠

監修者略歴

中山芳一（なかやま・よしかず）

1976年岡山県生まれ。岡山大学教育推進機構准教授。専門は教育方法学。大学生のためのキャリア教育に取り組むとともに、幼児から小中学生、高校生まで、各世代の子どもたちが非認知能力やメタ認知能力を向上できるように尽力している。さらに、社会人を対象としたリカレント教育、全国各地の産学官民の諸機関と協働した教育プログラム開発にも多数関与。9年間没頭した学童保育現場での実践経験から、「実践ありきの研究」をモットーにしている。著書に『コミュニケーション実践入門』（2015年）、『新しい時代の学童保育実践』（2017年）ともにかもがわ出版、『学力テストで測れない非認知能力が子どもを伸ばす』（2018年）、『家庭、学校、職場で生かせる!　自分と相手の非認知能力を伸ばすコツ』（2020年）ともに東京書籍、など多数。

西岡壱誠（にしおか・いっせい）

1996年北海道生まれ。偏差値35から東大を目指すも、現役・一浪と、2年連続で不合格。崖っぷちの状況で開発した「思考法」「読書術」「作文術」で偏差値70、東大模試で全国4位になり、東大合格を果たす。そのノウハウを全国の学生や学校の教師たちに伝えるため、2020年に株式会社カルペ・ディエムを設立。全国6つの高校で高校生に思考法・勉強法を教えているほか、教師には指導法のコンサルティングを行っている。著書『東大思考』『東大読書』『東大作文』（いずれも東洋経済新報社）はシリーズ累計40万部のベストセラーになった。

八島京平（やしま・きょうへい）

1993年三重県生まれ。県立桑名高校から東京工業大学4類へ進学、機械宇宙学科を経て2018年に工学院機械系を卒業（工学修士）。学生時代から宇宙産業拡大のために教育・人材育成の重要性を感じ、16年に株式会社うちゅうを立ち上げ、17年、代表取締役社長に就任。経済産業省STEAMライブラリー事業をはじめとして、ものづくり・実験を基本とした教育を提供している。

編著者略歴

大学生のための教科書編集委員会

2020年岡山大学にて発足し、将来のために大学生活を充実させる『大学生のための教科書』づくりを目的に、各地の現役大学生へと輪が広がった。学生たちは、本書編集の中心的役割を担い、内容に関する検討や執筆、情報収集を行った。

東京大学: 西岡壱誠(4年)、田之倉芽衣(2年)
京都大学: 斎藤 学(3年)
東京工業大学: 梶山健一(修士1年)、春野 絢(4年)
神戸大学: 大谷浩輝(修士2年)、加藤稜一郎(4年)、林田 圭(OB)
千葉大学: 吉原勘太(3年)、森下竜史(3年)
金沢大学: 本郷行秀(修士2年)
岡山大学: 槇 遥希(4年)、宮本泰輔(4年)、三吉真奈(修士2年)、
地行麻里(4年)、古山ほのか(4年)、溝脇 陽(2年)

Part.5 では、以下の大学教員が執筆を担当した。
町田尚史(岡山大学全学教育・学生支援機構 准教授)
坂入信也(岡山大学全学教育・学生支援機構 教授)

また、長田勝志、竜崎智久、三ケ田浩二らによって設立された一般社団法人日本ネクストキャリア協会が協力団体として後方支援を行った。

[参考文献]

- スティーブン・R・コヴィー『完訳　7つの習慣:人格主義の回復』キングベアー出版、2013年
- J・D・クランボルツ、A・S・レヴィン(花田光世・大木紀子・宮地夕紀子訳)『その幸運は偶然ではないんです!』ダイヤモンド社、2005年
- 三宮真智子編著『メタ認知:学習力を支える高次認知機能』北大路書房、2008年
- OECD教育研究革新センター編著『メタ認知の教育学:生きる力を育む創造的数学力』明石書店、2015年
- 荒川弘『鋼の錬金術師 1巻』スクウェア・エニックス、2002年
- アルフレッド・アドラー(岸見一郎訳)『人生の意味の心理学(上)』アルテ、2010年
- 中山芳一『学力テストで測れない非認知能力が子どもを伸ばす』東京書籍、2018年
- 中山芳一『家庭、学校、職場で生かせる!　自分と相手の非認知能力を伸ばすコツ』東京書籍、2020年

大学生のための教科書

2021年 4月14日 第 1 刷発行
2023年 3月22日 第 2 刷発行

監修　中山芳一、西岡壱誠、八島京平
編著　大学生のための教科書編集委員会

装画・挿画　槇崎萌々恵
ブックデザイン　大西隆介＋沼本明希子（direction Q）
DTP　越海辰夫（越海デザイン事務所）
編集協力　一般社団法人 日本ネクストキャリア協会
協力　柴原瑛美、小池彩恵子（東京書籍）
編集　金井亜由美（東京書籍）

日本音楽著作権協会（出）許諾 第2102140-101号

発行者　渡辺能理夫
発行所　東京書籍株式会社
〒114-8524　東京都北区堀船2-17-1
電話　03-5390-7531（営業）　03-5390-7512（編集）
https://www.tokyo-shoseki.co.jp
印刷・製本 株式会社リーブルテック　ISBN978-4-487-81487-9 C0037

本書の記載内容は、日付のあるものを除いて、2021年2月現在のものです。